男性養護教諭

男性養護教諭友の会 編

東山書房

表紙デザイン　小川恵子（瀬戸内デザイン）
表紙イラスト　スカイエマ

はじめに

「男性養護教諭に会ったことありますか？」

「あるよ」
　ありがとうございます。宝くじに当たったようなものですね。
「え？　男性ってなれるの？」
　実は全国に78人います（2018年度学校基本調査による）。
「なんかニュースで見た」
　報道の心温まる取り上げ方には感謝しかありません。
　「男性養護教諭友の会」（以下、本会）を2010年に結成してから、今年で10周年を迎えます。毎年開催を続けてきた研修会や親睦会を通じて積み上げてこられたもの。それは何といっても「つながり」です。男性養護教諭同士の交流はもちろん、養護教諭を目指す学生、現職者、退職者、研究者、出版社、報道関係者など、性別や職種を超えたかけがえのない「つながり」が生まれました。これは、単なる人脈ならぬ「鉱脈」だと信じています。形に残して世に示し、これを土台にして、また新たな10年間を積み上げていきたい。そんな思いで本書を作りました。
　本書は、4つの柱で構成されています。第一の柱は、何といっても男性養護教諭の実際の取り組みについて。どのような考えのもとに実践を行っているか、どのような1日を過ごしているのか、現実の様子を詳しく見ていただきたいと思います。第二の柱は本会のこれまでのあゆみです。研修会レポート等を通じて、結成からの10年間をまるっと味わっていただきます。第三の柱は、男性養護教諭と間近に関わった方たちによるエピソード集です。男性養護教諭と実際に関わった元生徒や保護者、同僚や管理職がどのように感じたかを赤裸々に語っていただいています。そして第四の柱は、男性養護教諭経験者31人から集まった質問紙調査結果の公表です。採用前に経験したことや、勤務の中で子どもや保護者、同僚から受けた反応、男性養護教諭自身の意識など、幅広くそして深く深くお答えいただきました。他に類を見ない調査の結果に、きっと読者の皆様は驚かれることでしょう。以上の4つの柱だけでなく、特別協力という形で多方面からコラムをお寄せいただきました。まるごとお楽しみいただき、読者のみなさまが男性養護教諭を360°ぐるっと一回転してじっくり観察し、あたかも会ったことがあるかのような疑似体験をしていただけたら幸いです。
　この「鉱脈」を金銀財宝の塊としていくために、読者の皆様のお力をお貸しください。本書を読み進めながら、男性養護教諭ひいては養護教諭全体の展望を想像していただきたいのです。これは、未来ある子どもたちへの教育の充実に直結しています。本書をお読みいただいたご意見・ご感想・ご指導・ご助言を、是非とも本会へお送りください。それらを励みにして本会はまた一歩ずつ前に進んでいく所存です。
　それでは、鉱脈探検に出発しましょう。

男性養護教諭友の会　会長　市川恭平
（名古屋市立下志段味小学校 養護教諭）

男性養護教諭友の会　事務局
E-mail: postmyt.since2010@gmail.com
https://associationofyogoteacherformen.jimdofree.com/

男性養護教諭

CONTENTS

※執筆者の所属は各原稿執筆時、または初出掲載時のもので、現在の所属先とは異なる場合があります。

chapter_01
010 〈座談会〉男性養護教諭 Interview
保健室の日常、そのスタンスとスタイル
…梅木陽平＋相澤智朗＋梅田裕之＋北田瞬

chapter_02
男性養護教諭友の会通信

020 #01_ 飯野 崇（東京都立葛飾ろう学校）
022 #02_ 市川恭平（名古屋市立天白養護学校）
024 #03_ 梅木陽平（大阪府立とりかい高等支援学校）
026 #04_ 梅田裕之（加古川市立浜の宮中学校）
028 #05_ 大西康司（名古屋石田学園星城高等学校）
030 #06_ 北田 瞬（大分県立鶴崎工業高等学校）
032 #07_ 木村純一（東京都立町田の丘学園 山崎校舎）
034 #08_ 篠田大輔（洛南高等学校附属中学校）
036 #09_ 高橋清貴（阿賀野市立水原中学校）
038 #10_ 田之上啓太（京都市立東山総合支援学校）
040 #11_ 津馬史壮（岐阜市立鶉小学校）
042 #12_ 長野雄樹（北海道旭川北高等学校〔夜間定時制〕）
044 #13_ 船木雄太郎（大阪府立刀根山支援学校 大阪精神医療センター分教室）
046 #14_ 星 雅博（新潟県立新潟工業高等学校）
048 #15_ 望月昇平（北海道浜中町立茶内小学校）
050 #16_ 山本悠樹（逗子開成中学校・高等学校）
052 #17_ 吉田聡（埼玉県立松山高等学校）
054 #18_ 川又俊則（鈴鹿大学副学長・こども教育学部長）

chapter_03
男性養護教諭の教育実践

060 "体温"以外も調べてみませんか？ …阿部大樹
065 先生が聞いてくれるから私はもう大丈夫
気持ちの言語化を促し援助希求能力を高める取り組み …市川恭平

chapter_04
男性養護教諭の一日

072 case1_ 東京都小笠原村立小笠原小学校 …阿部大樹
074 case2_ 名古屋市立天白養護学校 …市川恭平

chapter_05
PLAYBACK　男性養護教諭研修会

- 080　第1回 男性養護教諭研修会（愛知県）　…大西康司
- 082　第2回 男性養護教諭研修会（埼玉県）　…吉田聡
- 084　第3回 男性養護教諭研修会（京都府）　…篠田大輔
- 086　第4回 男性養護教諭研修会（兵庫県）　…梅木陽平
- 088　第5回 男性養護教諭研修会（愛知県）　…津馬史壮
- 090　第6回 男性養護教諭研修会（神奈川県）　…妻鹿智晃
- 092　第7回 男性養護教諭研修会（愛知県）　…市川恭平
- 094　第8回 男性養護教諭研修会（兵庫県）　…梅田裕之
- 096　第9回 男性養護教諭研修会（北海道）　…望月昇平

chapter_06
- 105　「報道」「研究」「出版」に見る男性養護教諭の歩み

chapter_07
- 113　徹底解剖！ 男性養護教諭を取り巻く現実と課題　…市川恭平

- 144　【出張版】ダイビーノンカフェ　…あっきー
- 146　BOOK REVIEW　男性養護教諭を『正しく理解する』ための2冊！　…中村千景
- 148　男性養護教諭を取材したお話　…水島ライカ

コラム
- 006　「男性養護教諭友の会」の結成10周年を祝して　…後藤ひとみ
- 018　1890年代の「校医助手」構想に、「男性養護教諭」という発想のルーツを探る　…近藤真庸
- 056　#拡散希望！　…澁谷瑞江
- 057　男性養護教諭と一緒に働いて　…渡辺加奈＋髙木洋子＋大矢麻理紗
- 058　誠心誠意子どもたちに接することで、信頼を得ていく　…横堀良男
- 076　男性の養護教諭を迎えて思うこと　…平岩 徹
- 077　男性養護教諭と共に働き、感じたこと・考えたこと　…松尾 茂
- 078　男性養護教諭と共に働く中で感じたこと　…杉本千加等
- 098　理解者地道に増やして　…斎藤雄介
- 099　新たな視点・挑戦に期待　…細川貴代
- 100　周りにいないから、不安　…大野日出明
- 101　男性養護教諭を知ることは「養護教諭」を理解すること　…山本敬一
- 102　編集者からみた少数者としての男性の存在　…吉田茂
- 103　多様性の観点からも貴重な男性養護教諭　…矢崎公一
- 110　現職者となってからも学び続ける大切さ　…川又俊則
- 111　男性養護教諭に期待すること　…米野吉則
- 112　養護教諭は女性職？　…野村美智子
- 140　寄り添ってくれた先生　…酒向ルリ美
- 141　男性養護教諭の必要性　…高橋好美
- 142　出会いに感謝　…竹中美穂
- 143　先生と出会って見つけた夢　…西住千波

「男性養護教諭友の会」の結成10周年を祝して

愛知教育大学 学長
日本養護教諭教育学会 理事長
後藤ひとみ

　本学会は、「養護教諭教育（養護教諭の資質や力量の形成及び向上に寄与する活動）に関する研究とその発展」を目的としています。前身は、1992年11月に設立された全国養護教諭教育研究会で、1997年に日本養護教諭教育学会へと改称しました。

　設立から27年目を迎えた今、「養護教諭の実践」と「養成教育」と「現職教育」を柱として、養護教諭の専門性とその機能を学術的に捉え、社会に公表するという使命を果たしています。

　ところで、養護教育学を専門とする私が、養護教諭養成課程に在籍する男子学生の存在を知ったのは1980年代初めのことです。養護教諭養成が三年制の国立養成所から四年制の国立大学教育学部の養成課程に改組され始めたのが1975年のことですから、大学の進学先として養護教諭養成課程が周知されるようになり、男子が受験するようになった結果と言えます。そのため、当時は養護教諭になりたくて入学した男子学生よりも、国立大学の卒業を願ったり、小学校教員の免許取得を望んだりする男子学生のほうが多く、各大学は進路指導に苦慮していました。

　このような中、本学会で初めて男性養護教諭が注目されたのは、第6回学術集会（1998年・水戸市）のシンポジウムでした。茨城大学を卒業して県立勝田養護学校に勤務していた石井浩二さんが「小倉学氏の養護教諭教育への期待について—氏自らの教育実践と、現職養護教諭の自己教育への期待—」と題して提言しました。次は、第15回学術集会（2007年・札幌市）のシンポジウムで私が座長を務めた"「養護教諭であること」の探究—専門性を生かすという視点から養護教諭のこれからを問う—"でした。養護教諭としての任用を数年かけて教育委員会に要望して実現させた美深町立仁宇布小中学校の横堀良男さんが「小中併置校の実践から—地域とのかかわりを通して見えること—」を提言しました。その後は個々の研究発表があり、第21回学術集会（2013年・神戸市）ではミニシンポジウムⅡ「養護教諭をめぐる課題—男性養護教諭を通して考える—」が開かれ、「男性養護教諭友の会」の設立経緯などが語られました。

　また、前任の北海道教育大学旭川校では、勤務していた12年間で2人の男子学生の卒論指導を行いまし

た。当時の北海道には男性養護教諭の採用がなかったので、1人は地方公務員、1人は小学校教諭になりました。

現任の愛知教育大学では、教鞭を執っていた12年間で3人の男子学生を教えました。私の研究室の学生ではありませんでしたが、2人が養護教諭の道へと進みました。

2009年のことです。NHK名古屋放送局の中学生日記担当のチーフプロデューサーに、養護教諭の現在について情報提供してほしいと頼まれました。新しい動きとして、複数配置の学校があること、校長や教頭になる人がいること、男性の養護教諭がいること、大学院に進学して修士や博士の学位を得る人がいることなどを話しました。後日、「3話シリーズで男性養護教諭を登場させたい。監修してほしい」との連絡があり、愛知教育大学の卒業生で養護教諭として勤務している男性たちへの取材も計画されました。

ところが、取材後に担当ディレクターから「なぜ、男性で制作するのかがわからなくなった」という電話が入りました。私は、「中学生は義務教育後の自分の将来を考える時期。男性・女性であることに縛られることなく、何をしたいのか、どんな職業に就きたいのかを考えることが重要と伝えたい」と語り、その言葉に納得してくれて制作・放送に至りました。

第2話では、右足義足の男子生徒が水泳部に入って葛藤している時、男性養護教諭の八田先生が声をかけます。そして、「いろんなとこで、いろんな人に会った…世の中には、いろんなヤツがいる。男なのに養護の先生というヤツもいる。こうでなきゃいけない、なんてことはない」と話します。脚本を見た際に、私の思いも載せて少しだけ修正した箇所です。

専門職である養護教諭には、男性か女性かではなく、養護教諭としての力量を問いたいと思います。この問いかけこそが、"男なのに養護の先生"という生き方を普通のこととして広めていくことにつながると考えています。

養護教諭の発展に寄与する本学会は、子どもたちの未来のために、これからも男性養護教諭の方々の"養護教諭としての資質や力量の形成及び向上"を応援していきたいと思います。

chapter_01
男性養護教諭
Interview

本 chapter は月刊『健康教室』(東山書房) 2016 年 2 月増刊号「養護教諭 WORKS」に掲載した座談会の内容を再掲載したものです(参加者の所属は初出当時)。

座談会

男性養護教諭 Interview
保健室の日常、そのスタンスとスタイル

平成26年度の学校基本調査によれば、男性の養護教諭は全国で69名(※)。平成16年度の同調査では34名であり10年でほぼ倍増しているものの、養護教諭全体としてみれば約0.16%とまだまだ希少な存在と言える。ここでは、小学校、中学校、高等学校、特別支援学校の各校種に勤務する4名の先生方にお集まりいただき、男性養護教諭としての思い、日々の取り組みなどについてお話をうかがった。

本記事は2015年8月8日に開催された男性養護教諭友の会主催「男性養護教諭研修会」の講座「男性養護教諭Q&A」の内容をもとに、編集・構成されたものです。ここでの「質問内容」は、研修会参加者から事前に寄せられたものを採用しています。司会は『健康教室』編集部の山本が担当しました。

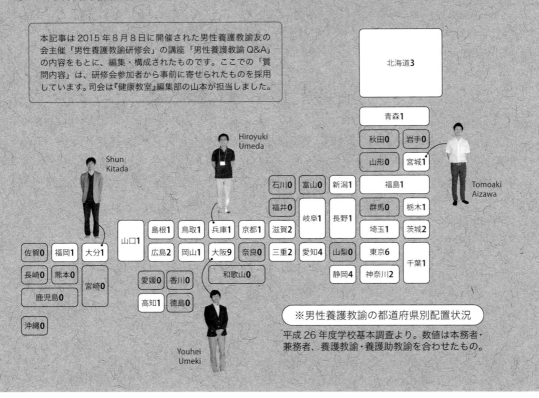

※男性養護教諭の都道府県別配置状況
平成26年度学校基本調査より。数値は本務者・兼務者、養護教諭・養護助教諭を合わせたもの。

司会 ここでは、男性養護教諭の先生方にいくつかの質問をしていきたいと思います。平成26年度の学校基本調査によれば、男性の養護教諭は本務者・兼務者、養護教諭・養護助教諭合わせて、全国で69名です。これは養護教諭全体の約0.16%と、かなり希少な存在と言えます。読者の中でも「いることは知っているけれど、実際に会ったことはない」という先生方が多いのではないでしょうか。今日は、小・中・高・特支の各校種から、4名の男性養護教諭にお集まりいただきました。先生方が日々、何を思い、どのように職務にあたっているのかについて、時間の許す限り伺っていきたいと思います。

 養護教諭を目指したきっかけは？

司会 それでは最初の質問です。「養護教諭を目指したきっかけを教えてください」。

梅木 私は、小さい頃から「先生になりたい」と思っていました。漠然と、英語の先生か保健の先生がいいなと考えていましたが、高校生くらいから、医学と教育の両方に興味が出てきて、養護教諭を目指すようになりました。最初、男性でもなれるのかわからなくて、保健室に聞きに行ったんです。そうしたら、ちょうどその頃、大阪府で一人、男性で採用された方がいて、養護教諭の先生に「なれるみたいよ」と教えてもらったんですね。それで、なろうと決意しました。

相澤 僕もはじめは「先生になりたい」と思いました。中学校3年生のときの担任の先生が、とても人に対しての洞察力に秀でた方だったんですね。こちらが何も話さなくても、全部察してくれるような。その先生に憧れて、僕も先生のような人間になりたいと思いました。その方は、理科の先生でしたが、僕は理科にはあまり興味がなくて…（苦笑）。一応、体育は得意だったので、保健体育の先生も考えましたが、同じ「保健」という部分で養護教諭に興味を持ち始めたら、すごく面白そうと惹かれていったんです。それで養護教諭の一種免許が取れる大学を探して受験しました。

梅田 僕は学生のときに、ボランティアで子どもと関わるサークルに入っていたのですが、そこで出会った小学生たちと、「先生と生徒」という立場でなく関われたことが、すごく大きかったなと感じています。できれば、そのスタンスで先生になりたいと思いましたが、一般の先生を目指すとそうもいかない。養護教諭だったら、それが叶うかもしれないと考えました。大学を出てすぐ、中学校で不登校支援の臨時職員をしていました。その時、保健室を主な勤務場所にしていたんです。ある日、僕が一人で保健室にいると、子どもが来室して、「先生、ケガしてもうてんけど、ちょっと見てくれへん？」と言うんです。「僕、相談の先生やし、ごめん、見られへん」と応えると、「えー、先生、保健室の先生やろ？」と。『子どもにとったら、性別関係なく、保健室にいる大人が、保健の先生なんだな』、そう子どもに教えてもらいました。それで、『これは、いける。大丈夫や』と確信しました。男性で養護教諭やってる先輩も周りにはいなかったし、先は見えなかったんですけど、これまで努力できた根拠はそこかなと思います。

北田 私は、高校のとき一番面白いと感じた授業が倫理だったんです。倫理の先生が授業の中で、よく心理学について話してくれて、興味をもちました。『心理学ってよくわからないから面白い』。そのとき私は自分のこともよくわかっていなかったので、心理学を通じて自分のことや人間について知りたいと思って大学に進みました。入学した学科がたまたま養護教諭の免許が取れる大学でしたので、何となく教育実習にも行きましたが、当時は将来カウンセラーになって病院等で働くイメージしかなかったんですね。実習で行った高校の保健室

参加者プロフィール

梅木陽平

大阪府立とりかい高等支援学校養護教諭（単数）。養護教諭歴5年、現任校3校目。今年度は初めて3年間見てきた生徒たちが卒業する年で、生徒と共にどんな気持ちで卒業式を迎えられるのか楽しみにしています。

相澤智朗

宮城県石巻市立万石浦小学校養護教諭（複数）。養護教諭歴3年、現任校1校目。仙台大学体育学部健康福祉学科卒業。取得免許状は養護教諭一種免許、保健体育中学校教諭一種免許、保健体育高等学校教諭一種免許。

梅田裕之

兵庫県加古川市立浜の宮中学校養護教諭（複数）。養護教諭歴7年、現任校4校目。「目に見えないもの」を相手にする養護教諭の仕事を大切に、誇りに思いながら毎日中学生とやかましく過ごしています。

北田瞬

大分県立宇佐産業科学高等学校養護教諭（複数）。養護教諭歴7年、現任校3校目。28歳のとき養護教諭になるために脱サラ＆県外移住して現在に至る。子ども4人の父でもあり、好きなものはガンダム。

震災後、保健室の来室者が増えています。基本的なことですが、やはり一人一人の様子を細かく見て、一人一人しっかりと対応していかなければいけないと、常に心がけています。

では、体の悩みというより、心の悩みで来室する生徒が多くて、本当にいろんな相談がありました。妊娠や虐待、パーソナリティ障害の生徒もいました。それで私、実習の３週間、食事が喉を通らなくて、うつになりそうなほど追い込まれてしまったんです。そのとき学校に行くのが苦しかったんですけど、生徒からすごく力をもらっていることも同時に実感していて、『保健室って、友達にも家族にも言えない悩みをもつ子どもたちの力になれるんだ』ということをそのときに学びました。「私も保健室でみんなの心を支えたい」と、実習先の先生に相談したら、九州にはまだ一人も男性の養護教諭はいなかったのですが、「ぜひあなたが一人目になってほしい」と励まされて、そこから目指すようになりました

司会 ありがとうございます。養護教諭を目指したきっかけは、それぞれ異なるようですが、それはきっと女性の先生方も同じですよね。教育や医学に関心があった、通っていた学校の先生の影響を受けた、子どもに関わる仕事がしたかった、という動機は女性の先生方にも多いと思います。

Q2 現在の校種を希望したのはなぜ？

司会 それでは、次の質問「現在の校種を希望したのはなぜですか？」。本日は、それぞれ違う校種の先生方にお集まりいただきましたが、そもそも皆さん、現在の校種は希望されていたものでしたか？

梅木（特支） 第四希望でした（笑）。一番行きたかったのは高校で、臨時のときは高校に勤務していました。いまの校種を希望してはいませんでしたが、働いていてとても楽しいので、結果的には良かったと思っています。ただ、臨時の高校のときには、自分が中心になって保健室経営をすることができなかったので、もう一度、高校で年間を通して保健室経営を経験して、どちらに進むか考えたいとは思っています。

相澤（小） 僕も小学校は、一番下の希望でした。第一希望は梅木先生と同じで高校でしたね。でも３年間小学校で養護教諭をしていて、毎日楽しいです。小学生、とてもかわいいし素直だし。学生のときは、小学校は自分には無理だなと思って、第四希望にしましたが、実際に働いてみて、意外と自分に合っていたのかなと感じているところです。

梅田（中） 僕は、臨時のときに小学校で一年過ごした以外は、相談員のときも含めて、すべて中学校です。小学校は楽しかったですね。給食のとき保健指導しに行ったり、まさに「養護教諭してる」という感じやったんですけど、今はようわかりません（苦笑）。中学生ってすごい面倒くさい時期ですよね。悶々としていて、もっと軽く考えればいい悩みを逡巡してみたり。養護教諭の先生方の中でも中学校勤務はすごく好き嫌いが分かれるかもしれませんね。でも、そういう面倒くさいところにつき合っていると、子どもの心がスッと軽くなる瞬間とかも見えたりして、その時にやりがいとか、充実感があります。中学校で一番楽しめるところって言えるかもしれませんね。

北田（高） 私は高校しか経験がないのですが、希望は小学校で出しました。臨時のときにも４年くらい高校生を見ていて、やっぱり一番大事なのは小学生の頃かなと感じていました。高校生になってから保健指導などするにしても、もっと早い時期にしっかり関わっていれば違っていたのかなと実感することも多くて…。今でもそ

ういう時期に養護教諭として関わってみたいという思いはあります。もちろん、小学校だけでなく、中学校も特別支援学校も経験してみたいです。いろんな校種を経験できる可能性があることも、養護教諭という仕事の魅力の一つだと思っています。

司会 なるほど、必ずしも希望通りではなかったけれど、仕事をしていく中で、やりがいを感じたり、楽しさに気づいていったり、という共通点があるようですね。

Q3 養護教諭として心がけていることは？

司会 次の質問です。「養護教諭として心がけていることは何ですか?」

梅木 私は単数配置なので、一人で保健室経営をしています。例えば何か判断を誤って学校で事故が起きた場合、養護教諭個人が訴えられることもありますよね。養護教諭は、この「判断」を求められる機会が非常に多い職種なので、「記録」はしっかり取るようにしています。どんな些細なことであっても書き留めますし、組織ですので、管理職への「報告・連絡・相談」も当然のように行っています。少しでも問題となりそうなことは、「こういった事情で、このように対応しました」と具体的に状況を説明します。また特にケガの対応では見落としがないように、時間はかかってもいいから、自分で納得できるようにすることは心がけています。…ほんと単数だと、気軽に相談できないんですよ(苦笑)。私は保健主事も兼務しているので、保健主事に相談することもできない。学校の保健関係を担っている者として、絶対に判断を間違えられない現状です。そのうえ男性なので万が一セクハラと見なされないかということについても注意しています。

相澤 僕も問題意識としては梅木先生と同じですが、幸い複数配置なので、まずは相方の先生との情報共有に努めています。それと、実は僕の学校は東日本大震災で被災した学校なんですね。震災後、保健室の来室者が増えています。基本的なことですが、やはり一人一人の様子を細かく見て、一人一人しっかりと対応していかなければいけないと、常に心がけています。

梅田 日常一番大切にしているのは「子どもとの関係づくり」ですかね。何の問題もなければ、生徒は保健室を利用しませんよね。来室する子は、必ず「何か」用があって来るんです。子どもとの関係をつくることで話しやすくなれば、悩みや不安も打ち明けやすくなります。長く関わる生徒は成長の過程で問題を起こすこともあります。注意したり諭したりするのも、関係ができていないと伝わらない。僕は養護教諭はある意味、全校生徒みんなの担任だと思っています。毎日みんなの顔を、目を見ることはできないけれども、もし生徒が困っていたらそれにつき合いたいし、そうなれる関係をつくりたいと思っています。

北田 「男性養護教諭」としては、女子生徒と二人きりになることには、やはり気をつけています。高校生ですから、妊娠の不安やデートDVなど他の人に聞かれたくないという相談もあります。けれども、保健室を完全な密室にしてしまって、もし生徒から「北田先生にセクハラを受けた」などと言われたら、たとえそれが事実でなくても疑われるでしょう。今後も養護教諭として生徒の力になりたいのなら、まずは自分の立場やスタンスをしっかりと

> 僕は養護教諭はある意味、全校生徒みんなの担任だと思っています。毎日みんなの顔を見ることはできないけれども、もし生徒が困っていたらそれにつき合いたいし、そうなれる関係をつくりたい。

固めて、生徒と一定の距離感をもって接していく必要があると感じています。生徒の中には、必要以上に距離をつめようとする子もいます。そんな生徒には日頃の関わりの中で理解してもらえるまで、くり返し伝えます。もし不信感をもたれるようなことが起これば、「養護教諭を目指している、後に続く男性の可能性の芽をつんでしまうことになる…」というプレッシャーは、正直、常に感じています（苦笑）。

司会 なるほど。では「養護教諭として」心がけていることは？

北田 「命を大切にする」ことです。以前、私の養護教諭としての師匠のような先生から、「仕事では命に関することだけにまず焦点を絞って、そこに全力を注ぐ。それ以外のことはある程度はどうでもいい」と教わったことがあります。それを聞いたとき内心私は、『なんて適当な人なんだ…』と思ったんです（笑）。私はわりと神経質で几帳面なタイプなので、事務的な仕事も、生徒指導の仕事も、すべて全力でやらないと気が済まない質だったんですね。でも確かに、何が一番大事なのかと問われたら、それは子どもの命を守ることですよね。毎日100％の力を使い切っていたら、何か突発的な事故が発生したり、生徒から急を要する相談をされたときに、身動きができなくなってしまう。やるべき仕事の優先順位をつけて、毎日20％くらいは余力のある状態にしておくことも必要です。最近になってやっと、そう思える心の余裕が出てきたところです（笑）。

司会 たしかに職務内容が多岐にわたる養護教諭にとっては必要な視点かもしれませんね。ところで、女子生徒との距離感というお話が出てきましたが、中学校勤務の梅田先生はそのあたりいかがですか？

梅田 そうですね…、慣れの問題かなとは思うんです。僕も生徒との関係性ができるまでは気を遣います。僕では話をしにくそうな女子生徒が来室したときは、「女の先生に話してみる？」とか、その子が抱えそうな不安の解消を先に行うようにしています。それでも子どもたちが慣れるのは一瞬のことなので、最初のわずかな期間だけですけどね。その上で手当てが必要な子が来たら「僕が触っていいとこ？」とか、「僕が見てもいいとこ？」と配慮はしますが、今は相方の先生もいるので、「ほんなら、○○先生に見てもらい」と促したり、とにかく自然に対応するように心がけています。

Q4 学校に馴染むための工夫

司会 次の質問は、「異動で新しい学校に赴任したとき、そこに馴染むために何か工夫をしていますか？」。これは、男性に限らず女性の先生方も気になる質問ではないでしょうか？　養護教諭の職務は、学校の環境や子どもの実態によっても異なるので、異動直後にはベテランの先生でも苦労するというお話はよく聞きます。意図的な働きかけとして何か実践されていることなどがあれば、ご紹介ください。

北田 私、実はすごい人見知りで、人間関係を築くのが苦手なんです（苦笑）。〝人〟は好きなんですけど、〝人間関係〟には苦手意識がある。だから新しい学校で、先生方とプライベートな話ができるまで、すごく時間がかかります。結局、自分が養護教諭として学校に求められていることに早く気づいて、それを実践していくしかないんじゃないかなという気がしています。ある学校に赴任して、

養護教諭として学校に求められている課題に自分で気づいて、それを実践していく。理解者が増えてくれば、「求められていること」、だけでなく、「やりたいこと」もやりやすくなるような気がしています。

保健室には何も期待されていないんじゃないかとがっかりしたんですね。体調が悪かったり気分が優れなかったりといった、健康上の理由で来室する生徒よりも、素行に問題があって教室から「厄介払い」されているような生徒が多かったんです。一部の先生方に、保健室は単に教室以外の別の部屋という認識があったように感じていました。そういう実態があって、自分が何をすべきなのか、一年間すごく悩みました。けれど、どんな理由であれ保健室で生徒と接していると、各々悩みや不安があることに気づきました。性の問題が多かったので、個別に教育相談を続けていったんですね。そうしたら、性に関する課題はまさに学校の課題でもあったんです。教育相談を続けているうちに、まず生徒指導主任と保健主任の先生方が理解を示してくれて、徐々に他の先生方にも広がっていったように思います。ですから、養護教諭として学校に求められている課題に自分で気づいて、それを実践していく。そうしていくうちに、学校に馴染んでいけるんじゃないかなと思います。理解者が増えてくれば、「求められていること」、だけでなく、「自分がやりたいこと」もやりやすくなるような気がしています。

梅田 僕も働き出して最初の頃は、同僚の先生たちと積極的に話して早く学校に溶け込まないといけないと考えていましたが、最近は、無理にそう思わなくていいやと思っています。というのは、人間同士のつながりなので、半年も経てば絶対に溶け込んでいけるんです。それよりも最初は、新鮮な視点で学校を見てみるほうが大事じゃないかと思っています。例えば、部活動を見回ってみると、ケガの多い部活はやはりケガが多くなりそうな練習をしていたりします。その実態を把握していれば、ケガして来た子だけでなく部活の先生とも具体的な予防の話ができますよね。あるいは、朝の挨拶の時間や放課後の職員室に行ってみれば、けっこう先生方、日中のつんけんした顔じゃなくて（笑）、気楽に素の顔で話ができたりします。そうしているうちにだんだん馴染んでくるかな…。これまで4校渡り歩いてきて、そう感じます。

相澤 僕はまだ一校しか経験がないので新任のときの話になります。僕が男性だったからなのか、最初、他の先生方もどうコミュニケーションを取っていいかわからないといった状況だったんです。ですので、『とりあえず自分にできることをやろう』と、赴任して最初に保健室の掲示物を作りました。次の日には健康観察簿を作って、その次の日は全校児童の名簿も作りました。正直、『これは、養護教諭の仕事なのかな…』と思う仕事もありましたけど、頼まれたことはできるかぎり引き受けるようにしていました。そうしているうちに、「相澤君、頼りになるね」、…とまでは思われなくても、「頑張っているね」くらいには思ってもらえたのかもしれません。信頼関係って、結局、そういうところからつくられていくのかな、と今は思っています。

梅木 そうですね。私も基本的なことですが、仕事をていねいにきちんとします。保健室の先生が保健室の仕事をきちんとするのは当たり前なことですが、当たり前のことが当たり前にできていないと、他の先生からは信頼されないと思うんです。自分の考えている養護教諭の仕事と、他の先生が考えている養護教諭の仕事が必ずしも一致していない場合もありますが、そこは合わせていく必要はあると思う。例えば、私、4月から先生方に保健の研修をするんですね。子どもがケガをしたとき、軽微なケガについては保護者に最低でも「連絡帳」でお知らせしてください、中等度以上は必ず電話してください、といったことをお話しします。保健に関しては学校の中心として、自分が引っ張っていくんだという姿勢を見せることも大事かなと思ってます。

Q5 「男性」としての課題は？

司会 次の質問は「男性として、職務の中で困っていることや、悩み、課題はありますか？」

北田 う〜ん…、ないですね、男性ということで困っていることは。

基本的なことですが、仕事をていねいにきちんとします。保健室の先生が保健室の仕事をきちんとするのは当たり前なことですが、当たり前のことが当たり前にできていないと、他の先生からは信頼されないと思うんです。

梅田 「養護教諭として」悩んだり、反省や後悔は日々あります。でも「男性として」って言われると、めっちゃ困ったことはないですね。そうなる前に、周りの先生に助けてもらっていることが多いんだろうなって思います。自分でも困る前に「助けて」サインを出していたりして（笑）。周りの先生方に感謝ですね。

相澤 僕は赴任したばかりのころは、やはりプライベートゾーンのケガの処置で悩みました。複数配置なので、僕があたふたしていたら、相方の先生が「私が見るから」と代わってくれて…。そういうことが何度かありました。いまはもう手慣れたものです、…と胸を張って言えるほどではないですが、悩みというほど困ってはいません。

梅木 私も特に男性ということで困っていることはないですね。女子生徒との関係で、図らずもセクハラと受け取られたりしないように、対応では普段から相当、気を配っていますが、どうしても女性でなければならないときには、女性の先生が手伝ってくれますし。そこは本当に同僚に恵まれているなと感じます。セクハラと受け取られる可能性があると判断したときは、女性の先生に「ちょっと見てください」とお願いすると、皆、当たり前のように対応してくれます。そういう意味では、普段から担任の先生たちとコミュニケーションを取っておくことはとても重要だと思います。

北田 そうですね。私も「手当てで女子生徒の体を触るときに困るのではないか？」という質問は今でもよく受けます。でも、保健室は医療行為をする場所ではありませんし、必要以上に体に触れることは、実際問題としてないんです。養護教諭は来室した生徒が医療機関への受診が必要かどうか「見極め」ることが大事だと思いますが、私は高校勤務なので問診やコミュニケーションである程度の状態はわかります。ちょっとした手当てはしますけど、近くに学校医さんの病院があって、ある程度のケガはすぐに診てもらうので、男性だからということで処置に困ることはないですね。

Q6 男性ならではのメリットは？

司会 それでは次が最後の質問です。「養護教諭として、"男性ならでは"のメリットは何かあると思いますか？」

梅木 男性ならではのメリット…、あまりないかもしれませんね（苦笑）。養護教諭は性に関する指導をすることが多いので、そこに男性の視点を活かせるのはメリットだと思います。

相澤 僕も学生の頃から、男性ならではのメリットを探していたんですけど、あまり思いつかないんですよね（苦笑）。あえて男にしかできないことを探すと、それは別に僕じゃなくて校内の他の男の先生でもできるなということばかりで…。ただ、単数配置よりは男性と女性の複数配置のほうが、多面的に子どもを見ることができるのかなと思うことはあります。複数配置では、相方の先生との仕事の配分やコミュニケーションが難しい場合もありますが、それは女性同士でも同じですよね。

梅田 男性のメリットをあげろと言われれば、僕はけっこうあると思うんです。けれど多分、デメリットも同じ数だけ出てくる。女性の先生はどうでしょうか。結局大事なん

は、男性、女性というより、生徒と養護教諭である自分との関係なので、それは子どもによって変わってくるかなという気がします。要は子どもにとって、いかに課題が解決しやすいかということなので、もし男性の養護教諭に相談したいという生徒が僕のところに来れば、それは男性ならではのメリットになるし、女性の先生のほうがいいのにという生徒ならデメリットになる。だから、理想を言えば男女一人ずついて、生徒が選べるようになればいいんかな、とは思います。いろいろある人間関係の中で「男女の別」っていう一側面からとらえると、ですけど。

北田 私もそう思います。また、保健室で自分の性別に悩んでいるという相談を受けることもあります。生徒にとっては「性別問わず相談できる存在が保健室の先生」という感覚なのかなと感じています。以前、優しくて気の弱い男子生徒に研修会で使うインタビューに協力してもらったことがありました。男性養護教諭をどう思うかと訊ねると、「相談しやすい」と言ってくれたんですね。思春期って、人によって違いますが、男の子は母親を避けたりするような時期ってありますよね。保健室でも養護教諭が自分の母親くらいの先生だと、母親と重ねて見るのか、何か恥ずかしがったり、あるいは本当は相談したいことがあっても、強がって話しに来られなかったり…。少なくともその生徒にとっては、男性の先生がいることがメリットになっているんだなと気づきました。保健室には本当にいろんなニーズをもった生徒が来ますので、子どもにとっての選択肢として、男性の養護教諭がいてもいいんじゃないかなと思っています。

司会 ありがとうございました。お話を聞いていて、皆さん男性ということをあまり意識せず、普通に「養護教諭」として働いていることが、非常に印象的でした。梅田先生のお話の中で、「男性、女性というよりも養護教諭として、どう子どもと向き合うか」といった趣旨のご発言がありましたが、私もそれにつきると思うんですね。男性の先生に相談しづらいと感じる女子は確かにいると思います。残念ながらそれはゼロにはならないと思う。でも、逆に女性の先生に相談しにくいと感じる男子だってゼロではないんですよね。どちらが多いかと比べれば、たぶん前者のほうが多いとは思います。でもそれは「多い」「少ない」という相対的な話であって、だから男性に養護教諭は無理だという話にはならないはずです。例えば思春期の男子が睾丸打撲をした場合などは、女性の先生に見せることにはかなり抵抗がある気がします。そんなとき、女性の養護教諭が「男なんだから、そんなことで恥ずかしがってちゃダメでしょ」なんて乱暴な対応をしているかといえばそんなことはなくて、恐らく男性の先生に協力してもらっていると思うんです。その意味でも、梅木先生の言うように、普段から教職員の先生方とコミュニケーションを取って協力態勢を築いておくことが非常に大事なのかなと思います。ある意味「協力してもらうことが前提」という「連携に自覚的な認識」は、結果として組織的な健康教育にも寄与するはずです。結局、男性、女性という性差ではなく、いかに「養護教諭」としての専門性を高めていけるか、ということが重要なのかなと感じました。今日は短い時間でしたが男性養護教諭の先生方が、何を思い、どのように職務に取り組んでいるのかをお聞きしてきました。4名の先生方のお話と現状を多くの読者の方々と共有できたら嬉しく思います。今日はありがとうございました。

1890年代の「校医助手」構想に、「男性養護教諭」という発想のルーツを探る

日本教育保健学会 理事長、岐阜大学地域科学部 教授
近藤真庸

　まだ日本の学校のどこを探しても、学童のトラホーム洗眼にあたる「派遣型」と称される「学校看護婦」さえいなかった頃、すでに「男性養護教諭」の構想が存在した！
　―みなさんは、このような歴史的事実があったことを知っていましたか？　拙著『養護教諭成立史の研究―養護教諭とは何かを求めて』（大修館書店、2003年）のなかで、1890年代にあった、「校医助手」＝「学校衛生を担当する教員」を採用することの意義と人選についての議論を紹介したことがあります。
　1898年1月、勅令「小学校に学校医を置く」が出されて間もなく、『教育時論』（第461号、1898年2月）誌上で、坂部行三郎（教育評論家）が「学校医に就いて」という論説のなかで〈学校衛生の振興のためには、学校医を補助する「衛生上の専門知識を有する常勤職員」として「校医助手」の採用が不可欠である〉と提言していたのです。
　注目したいのは、「校医助手」の採用にあたって、坂部が、「学校教員中の適任者」が「最も至当の措置」とした

うえで、女子部のある高等小学校には「別に女教員により助手を挙ぐる」必要を説いていることです。
　つまり坂部は、①適任者は、学校教員であれば男女を問わない。②仮に「校医助手」に男性教員が採用された場合は、女生徒の便宜のために、別にもう一人「女性教員」を「校医助手」として採用すればよい、と考えていたのです。"男性養護教諭"の誕生は、時間の問題となっていたのでした。
　しかし、こうした議論も、1900年代の初頭、学童の間に燎原の火の如く広がったトラホームによってかき消されてしまいます。トラホームから学童を守るために、学校現場が切望したのは、机上の空論（「衛生上の専門知識」）ではありませんでした。伝染病に対処できる近代看護婦＝女性の技術だったのです。洗眼のために派遣された看護婦の活躍ぶりは、学童と教員、保護者に鮮烈な印象を残したにちがいありません。
　トラホームの流行がおさまると、近代看護を身につけた看護婦＝女性は、学校衛生の担い手である「衛生上の専門

知識を有する常勤職員」「適任者」として、にわかにクローズアップされることになります。
　例えば、岐阜市の小学校に所蔵されている古い職員録には、1924年4月から同年12月にかけて、県病院出身の産婆看護婦が、6つの小学校にそれぞれ招聘されて、「校医助手」という名の常勤の学校職員として着任したことが記されています。「校医助手」として採用されたのは、いずれも「女性」の「看護婦」でした。「学校教員中の適任者」から選ばれたのではありませんでした。こうして、「学校教員」の中から人選された「衛生上の専門知識を有する常勤職員」＝「男性養護教諭」のルーツとなるかもしれなかった「校医助手」構想は立ち消えになっていくのです。
　構想から120年。「もしトラホームの流行がなかったら」、そして、「もし近代看護婦の養成があと10年遅れていたら」。「男性養護教諭」はもっと早くに誕生していたかもしれません。その意味で、「男性養護教諭」誕生は、日本の養護教諭の歴史において、画期的な出来事なのです。

chapter_02
男性養護教諭
友の会通信

本chapterは月刊『健康教室』(東山書房) 2016年10月号〜2018年3月号まで、同タイトルで連載したものを五十音順に入れ替え再掲載したものです(執筆者の所属は連載当時)。

#01
飯野 崇
（東京都立葛飾ろう学校）

いいの・たかし／講師経験や社会人経験をした後、養護教諭として採用。養護教諭として勤務する前は、バックパッカーとしてアジアを巡るのが好きで、静かな村でのんびりするのが心の癒しでした。現在はその癒しを山に求めて、日本百名山に登るのを目標に、休みの日はテントを担いで出かけています。今は山で星空を眺めるのが何よりの楽しみです。

遠回りをしてやっとなった養護教諭

現在勤務しているろう学校は、幼稚部から高等部専攻科まで、下は3歳から上は成人している生徒まで200名以上の幼児・児童・生徒が通っています。学校の中でのコミュニケーションは、手話を中心に行っています。子どもや先生方、保護者との会話でも手話を使用するため、最初は戸惑いました。手話を学んだ経験がない私にとって、今から新しいことを覚えるというのはなかなか大変ですが、勉強するのを楽しいと思うことができ、私にとっていい経験です。

また、手話を早く覚えるために大切なことは、何より自分から話しかけることです。職員室へ頻繁に足を運び子どもたちのことを話したり、仕事終わりには先生方と一緒に食事に出かけたりしながら地道に勉強をしています。

女子生徒もいろいろ話しに来てくれます

私は正規採用されるまでに、定時制高校や特別支援学校で講師として勤務してきました。単数配置の定時制高校で勤務したとき、一人の女子生徒が教室で過呼吸になり、私が呼ばれて対応したことをきっかけにその女子生徒と友達グループが保健室によく顔を出すようになりました。帰りがけには、いつも雑談をしに来ていたのですが、ふとしたことをきっかけに身体の悩み相談をするようになりました。「最近生理がこない」と話が始まり、私が女性の身体の変化について話をしたり、気をつけなければならない性感染症の話をしたりすると、彼女たちは興味深く話を聞いてくれました。その姿を見て、しっかりと女子の健康について伝えていかなければならないと思い、書籍を読んだり講演会に参加したりして勉強を始めました。自らの経験を振り返り語ることができない分、しっかりとした知識を学び彼女たちに伝えること、そして彼女たちの考えていることをしっかり聞き入れることが大切だと思いながらその後も接してきました。

その後、一人の女子生徒が「保健室の先生が男性でよかった」と言ってくれました。「女性の先生に性の話をすると感情的に指導されることがあったけど、先生の場合は客観的に話を聴いてくれるから話しやすかった」と、性に関する話でも男性の先生がよかったと考える生徒もいるのだなと感じた経験でした。

「男性」の養護教諭の先生にお願いしたい

特別支援学校に勤務してい

たときに、思春期の息子をもつ母親から、息子の性の悩みを相談されたことがありました。父親とはそういう話を一切したことがなく、ネットで調べたりしたそうですが、様々な情報が載っていてどれを信じていいのかわからなかったそうです。そこで、私が自分の経験を振り返りながら話をすると、安心した様子で帰られました。

現在は、様々な家庭環境があり、父親の存在に頼ることができない場合もあります。そんなとき、心身の相談がしやすい養護教諭の中に男性がいることは、保護者や児童・生徒にとって、よい環境なのではないかと考えます。また、同じ養護教諭の先生方と「男子の性の話」をすると、「聞きたかったけど聞けなかったことがわかった」と話が盛り上がることもあります。

 迷って決めた養護教諭

今現在、養護教諭として働くまで、自分の中には将来の選択肢がもう一つありました。なかなか養護教諭として採用されず、当時男性の養護教諭に出会ったこともなかったため、このまま頑張り続けるかどうか迷いました。迷うくらいならもう一つ考えていたやってみたい仕事を経験してみてから自分の進む道を決めようと思い、学校現場を離れました。

それは自分の腕で人を喜ばせることをしたいと思って目指した整体師でした。夜間や休日にスクールに通い資格を取り実際に働き始め、「外から顔が見えたから来ちゃったよ」と出張の度に足を運んでくれる人や、疲れた顔をして「今日も大変だったのよ」と会話が始まり、帰るときには元気な表情になってもらえる常連の人などと接していると、仕事にやりがいを感じることもできました。

しかし、仕事が忙しくなると一人一人のお客様と話す時間もなく、ただ施術に追われる毎日になってしまいました。自分は何がやりたいのかと振り返ったとき、やはり自分のやりたい仕事は養護教諭だと確信し、試験を受け続け、遠回りはしましたが無事合格することができました。これも支えてくれた仲間や同僚、両親のおかげだと感謝しています。

 「将来は何になりたい？」って聞いたら

先日、同僚の先生から「息子が進路を考える時期になり、将来は何になりたいって聞いたら、保健室の先生って答えたんですよ。先生はどうして養護教諭になろうと思ったんですか？」と聞かれました。その息子さんは私が働いていることを知らず、ただ漠然と養護教諭になりたいと思ったそうです。そんな嬉しい話を聞いたので、早速この連載のコピーを渡し、「養護教諭って仕事はいいよ」と宣伝しておきました。

一緒に働く家庭科の柏倉先生と。同じように数少ない男性の家庭科の教員ということもあり、普段から仲良くしてもらっています。本校には、女性の機械科の教員もおり、珍しい環境です。

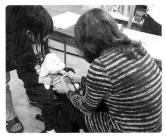

幼稚部の内科検診の様子。初めての内科検診で怖がっていましたが、保健室にあるぬいぐるみを使って、まずはぬいぐるみの内科検診。その様子を見て安心して、無事内科検診を受けることができました。

#02 市川恭平
（名古屋市立天白養護学校）

いちかわ・きょうへい／2010年、名古屋市教育委員会初の男性養護教諭として正規採用。2015年より男性養護教諭友の会事務局長。思春期保健相談士®。幼少期よりストリートダンスに熱中し、全国大会準グランプリ獲得。ダンスインストラクターの経歴をもつ踊れる養護教諭。心おどる保健室づくりを目指します。

だからまた頑張れます。

　今年の4月、私にとって初めての離任式がありました。
　「私が伝えたいことは2つ。信頼できる大人を見つけよう。そしてその後には、信頼される大人になろう」
　新規採用から6年間勤めた前任校は知的障害特別支援学校。愛する子どもたちへのこのメッセージは、私自身が今後学びを深めていきたいテーマです。
　名古屋市教育委員会初の男性養護教諭としての赴任。女子への対応、宿泊行事への引率など、赴任当初から不安なまなざしを向けられることは少なくありませんでした。
　「子どもはなかなか相談しにくいかも」
　そんな陰口には聞こえないふりをして、教職員とのきめ細かなコミュニケーションを大切にしながら、子どもやその保護者に真摯に向き合い、自分らしく関わり続けてきました。
　初任から6年間の勤務を終えた離任式のあいさつが終わり、舞台を降りると新しい担任とともに子どもたちが花道をつくってくれました。まず目に入ったのは、いつどんなときでも愛らしい小学部の子どもたち。中には、「お別れ」の意味がわからずポカンと口を開けている子、いつものように遊んでもらえると思って駆け寄ってくる子。そして、4年間大切に見守ってきた自閉症で自傷行為がある子の担任が次のように話してくれました。
　「連絡帳にお母さんから、市川先生に伝えてくださいと書いてありました。『うちの子どもはきっと伝えられないと思うのですが、先生のことが本当に大好きでした。ありがとうございました』」
　そこで、必死に耐えていた涙腺のダムは決壊しました。
　中学部では、担任の掛け声で「ありがとうございました！」と元気にあいさつする子どもたち。6年前は、興奮して暴れたときに抱っこしてなだめていた子もすっかり同じくらいの身長に。ペースはそれぞれ違うけど、心も体も確実に大きくなったね。もう涙で何が何だかわからなくなりました。
　次に、高等部。「先生、学校変わらないで」、私自身が得意としているダンスを熱心に取り組んでいた音楽部の子どもたちが、集まってきて泣いてくれました。後ろ髪は強力に引かれています。ごめん。あなたたちのためにやり残したことはまだたくさんあるよね。
　少し離れてポツンと立ち尽くし、右目からしずくを流している2年生になった男子！高等部入学当時は、選択性かん黙と思われるぐらい話せなかったのに、徐々に心を開き、たくさんの話をしてくれましたね。幼少から児童養護施設で育ったあなたが打ち明けてくれる心の叫びを聞きながら、私自身が「あなたの心を守る安全基地」となることを願っていました。まだ十数年の人生だけれど、その中で「安心」や「信頼」を積み上げてこられなかったあなた。「いつでも話を聞くから大丈夫だよ。あなたはちゃんと成長しているから」と話し続けた私は、あなたにとって「安全基地」になれましたか。
　「ずっと応援しているから頑張れよ」
　グッと抱きしめるとゆっくりうなずいたね。本当は、もっとそばで成長を見守りたかったです。

その後方で、担任から「ほら市川先生行っちゃうよ！あいさつしないと」と言われながらも、壁にもたれてずっとこちらを見ている3年生男子。あなたもまた、変化への不安に上手に対処できず、苦しい1年間を送りましたね。入学時からたくさんの話をし、「上級者の恋愛トーク」といって時には真剣に、時には笑いながら、男同士の恋愛談議に花を咲かせ、異性との関わり方を何度も話し合ったことを覚えています。それが、2年生になって、様々な変化があり、不安に対処できなくなったあなたは大人に反抗的な態度を示すようになりました。あんなに楽しい話を聞かせてくれたあなたの変わり様を見て、「安全基地」、「信頼できる大人の存在」の大切さを改めて痛感しましたよ。必死で私に伝えていたんだよね。「誰も俺の気持ちなんかわかってくれない！」と。「わがままだ」と一蹴されそうなその一言に強烈な思いが込められていると感じます。「不安」への対処が「反抗的な態度」につながることを十分に受け止めていくことは、「大人」になってしまった教師たちには実は難しいのです。けれども、大人が自分のことを本当に受け止めてくれることを待っている子どもは他にもたくさんいるのです。

　この離任式で、愛してやまなかった子どもたちの変化を振り返るだけでも「信頼できる大人を見つける力」をこれからも育み続けたいと改めて強く思いました。信頼するためには「安心」がその子の心に根付かなければいけません。自身の人生経験から考えても、本当に信頼できる大人ができた人間は、強い。くじけそうでも、その関係のおかげで頑張れます。そして、その安心感の中で自分の弱みを知り、様々なスキルを身に付けることで、信頼される大人に一歩ずつ近づいていってほしいのです。自らの成長をもって「信頼できる大人を見つける力」の大切さを私に気づかせてくれた子どもたちへの恩返しの方法は一つ。信頼される養護教諭になれるよう全力を投じることです。私は、子どもたちにとって「信頼できる大人」になりたいです。

「養護教諭は、男では難しいんじゃないか」

　これまで、後ろ向きな言葉を数多く受けてきました。それらは悲しくも、子どもからでも保護者からでもない。子どもや保護者との良好な関係を温かく支えてくださった前任校教職員でもない。別の「大人たち」からです。しかし、離任式の場で6年間共に学んできた子どもたちが、心のままに自分に向かって見せた姿に、すべてのモヤモヤは吹き飛びました。新天地で、私はまた「養護教諭」として頑張ろう。頑張れます。私が歩むべき道は子どもたちが教えてくれましたから。

保健室にて、生徒と「人との関わり方」について語り合う様子。

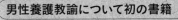

\ 市川恭平先生執筆 /

男性養護教諭について初の書籍

男性養護教諭がいる学校
ひらかれた保健室をめざして

川又俊則・市川恭平 著
かもがわ出版
1600円＋税

全国に65人（全体の0.16％、本務者のみ）。マイノリティである男性養護教諭たちが、子どもや保護者、同僚とともに行っている実践をとおして、保健室に男性養護教諭がいることの意味を具体的に語ります。養護教諭を志した経緯や日々の悩みなど、現職者・退職者のライフヒストリーや座談会などでまとめました。

#03 梅木陽平
（大阪府立とりかい高等支援学校）

うめき・ようへい／東京で初採用された後、地元大阪に戻ってきました。養護教諭7年目。2017年の目標は週1以上の運動を継続すること。ジムに通ったり、同僚に誘われて釣りやゴルフに挑戦したりしています。最近は休憩中にいろんな紅茶を飲んでリラックスすることがマイブーム。

なりたかった保健室の先生

　本校は開校5年目の全生徒約100人の学校で、養護教諭（私）は単数配置です。

　今までに男性の養護教諭と面識のない方から多かった質問は「なぜ養護教諭になろうと思ったのですか？」と「女の子の対応はどうしているのですか？」の2つです。「なぜ養護教諭になろうと思ったのか」は私自身が高校生のときに出会った養護教諭に憧れたこと、医学と教育学の両方を学びたかったことが主な理由です。女性が養護教諭になろうと思ったきっかけや理由と大差はないと思います。

 女子生徒への対応 健康診断

　「女の子の対応はどうしているのか」については少し掘り下げてお伝えします。まずは健康診断についてです。全ての健康診断実施の流れや検診時間の学年男女別の振り分け、教員の配置などは私（養護教諭）が原案を作成します。身長・体重測定、視力検査、聴力検査は全学年が一斉に学年男女別に移動して実施します。そのとき、私（養護教諭）はフリーの状態になり、生徒の移動の指示をだしたり、担当者が器具の使い方で不明な点がでてきたときや器具に不具合が生じたときに対応したり、急な体調不良で生徒対応が必要になったときに備えます。

　内科検診では検診前に保健主事（女性）と打ち合わせをし、聴診時には保健主事が既往症の有無やその他必要なことを校医に伝えるようにしています。歯科検診、眼科検診、耳鼻科検診では性差による配慮が必要なことはほとんどありません。レントゲン検査ではレントゲン車の中には環境保健部（分掌）の女性の先生に入って援助をしてもらいますし、同様に心電図検査も肌を露出する場面では環境保健部の女性の先生に援助してもらっています。

　健康診断は1時間以上拘束されることが多くあります。突発的な問題がいつ起こるかわかりませんから、養護教諭がいつでも動ける体制作りが必要だと考えています。

 女子生徒への対応 救急処置

　救急処置については基本的に男女変わりなく対応しています。配慮する点はプライベートゾーンの処置について。女子の場合は、周囲から見えない空間をつくり、女性の先生や同性の友達に患部の観察をしてもらいます。女性がいない場合は患部だけをあけてもらって、準備ができたら呼んでもらって処置をします。男子の場合でも私（養護教諭）が見てよいか同意を得てから患部の観察を行います。幸いにも今まで直面したことはありませんが、命にかかわる緊急な場合は男女関係なく救命を優先した行動をとるつもりです。

「男性養護教諭」でなく「養護教諭」として

　健康診断と救急処置について述べましたが、あくまで私自身が実施している方法です。男性の養護教諭が行うスタンダードとは限りません。私は一定の配慮が必要だと思い、こうした方法をとっています。しかし配慮をしても遠慮はしません。遠慮をして、大事なことを見落としてしまったら悪い結果につながりかねないからです。男性の養護教諭の多くは周囲から自身が女子生徒の対応を心配されていることを自覚しています。しかし、男性だからというわけではなく、セクシュアルハラスメントになるかどうかの正しい意識と適切な判断力を持っていることは、男女どちらの教職員にとっても必要な資質なのではないでしょうか。

　「女の子の対応は難しいでしょう？」と言われることがありますが、そうでもありません。保健室でのほんの１コマを切り取ったものですが、ある日の保健室で……

女子生徒：先生、この学校長いでしょ？　そろそろ異動やんなぁ？
私：そろそろかもね。
女子生徒：嫌やなぁ、次に来る保健室の先生はたぶん女の先生でしょ？

　こういった声が全てとは言いませんが、実際に男性の養護教諭を求めている女子生徒もいると実感した瞬間でした。

　以前、編集の山本さんとお話をして印象的だったことがあります。「男性養護教諭はマイノリティであるからこそその連携力を持っている」という話です。どの学校でも男性の養護教諭は無意識のうちに連携を意識しているという話なのですが、少数である男性の養護教諭の初めは他の教員から好奇の目で見られます。しかし、どの男性の養護教諭もうまく協和しながら仕事をこなしていっている。それはどの男性の養護教諭も積極的なアプローチを行い、周囲の積極的な理解があったから成立している。どちらかといえばマイナスなスタートからの出会いに始まり、日々の仕事振りから信頼を勝ち取っていくと後々は性差を越えてプラスにつながっていくのではないかと思います。

　私は今年の４月で養護教諭７年目となりますが、年々男性の養護教諭という意識は低くなっています。「男性」を意識するよりも「養護教諭」として足りない能力や技術の不甲斐なさのほうが強くなってくるのです。「男性養護教諭」として見られるよりも「養護教諭」として見てもらいたいと思っています。先生方が勤務する学校の男子生徒で養護教諭になりたいと言う生徒がいたら「男性もなれるみたいよ」と声をかけてあげてください。

保健主事の萩原先生と。情報共有は密にしていて、複数配置のような安心感を与えてくれています。

たまにフラ〜っと来室してくる女子生徒。自分自身が落ち込んでいても、生徒と話をすると元気をもらえたりします。不思議です。

#04 梅田裕之
（加古川市立浜の宮中学校）

うめだ・ひろゆき／大学卒業後、不登校支援職を経て臨時採用5年、正規採用4年目。歌えますが踊れません。バドミントンは大人になってからハマりました。旅行、キャンプ、燻製作り少々。2児の父。夢は子どもたちとツーリングに出かけること（バイクの免許ありません）、またはセッション（ギターの練習できてません）。

男性養護教諭の活用方法、ご提案します。

―子どもたちに"人の多様性"を示す存在。その一つが"男性養護教諭がいる学校"です―

のっけから堅苦しくてすみません。これまで臨時も含め約9年、小中の養護教諭として、ありがたいことに途切れることなく勤めてこられました。こんな立場ですので、日常いろいろ考えたりもします。今、それらを集約すると、上のような言葉になるかなあとふと思いました。

これまでの取り組みを少しご紹介したいと思います。

性の健康教育 小学校編

「保健室の先生からの贈り物」と題した思春期指導を、5年生の自然学校前に行います。二次性徴について男女同室で学習した後、女子はその場に残って、「女の子だけの秘密の時間」として、月経時の対処法や下着についての学習をします。

先に教室に帰された男子たち。

「女子だけ秘密の時間があるのはなんでなん!?　なにするん？　ずるいわー」

それならばと思い立ったのが「男の子だけの秘密の時間」。

より詳しい男子の二次性徴の知識と共に、射精・夢精時の対処法、友人間のマナーなどをお話ししました。大事にしたのは、「その時々に沸き起こる自分の感情とどう付き合えばよいのか」ということです。こういった問題については、女子よりも男子のほうが劣等感を抱きやすい傾向にあるようです（※）。背景には正しい知識の乏しさや、心の支えとなるものが少ないことがあげられるのではないでしょうか。

「秘密」と題した時間は、子どもたちに思わぬ効果をもたらしました。すなわち、自分だけの秘密（大切にしたい部分）を持ってもよいのだ。異性間のみならず、誰もがお互いに秘密（＝大切）があるのだ。という思いを持ってもらえたことです。

感想を紹介します。

「女子は女子で、男子は男子で大変なことがあるのがわかりました」「男女共、思春期があるので、人それぞれだと思いました。みんな起こることなので、気がついてもそっとしてあげるか、困っていたら助けてあげたいです」

性の健康教育 中学校編

中学3年生には複数配置の先生（当時30代・2児の母）とペアで行いました。1時間目は「あなたはかけがえのない命（生命の始まり～出産）」というテーマでペアの先生から。次の1時間は「かけがえのない命を創造できるあなたへ（性の健康知識・ディスカッション）」というテーマで僕（当時20代・未婚）から。

僕の時間では「性別の話」からスタートしました。

―性別は、生物的性・性自認・性的指向・(社会的性)の3（4）要素から成り、それは本来、

（※）参考文献：村瀬幸浩「男子の性教育　柔らかな関係づくりのために」大修館書店（2014）

自分で選んでよいものだ―

この話は、男女別の制服を着て、男女別の保健体育の授業を受けている彼らに、「性は多様である。だから人間も多様である（自分はそのうちの一人である）」というメッセージとなり、偏見を緩め、その後の内容へスムーズにつながってくれました。長い人生の先々でも、自分の生きやすさや他者への思いやりにつながってくれたらと思います。

感想です。

「人の思いはそれぞれ違うし感じることも違う。相手のことを理解できることが大切」「恋愛もそんなに簡単じゃないなと思った。ちゃんと『性＝心で生きる』について考えようと思います」

過去には国語の教員を目指していた時もありました。教壇に立つ機会は少ないですが、立つ際には、みんなで「幸せについて考える時間」にしたいと思っています。

最近の日常

「元気のない子を相手するには、元気な時をみておくことが大事」ということで、休日は女子バドミントン部で活動しています。といっても顧問ではありません。時々来てはお手伝いをする「ほけんの先生」です。練習にも参加し、試合では勝負の嬉しさ悔しさを共有したり、ストレッチの方法や休養の保健指導から、部員の人間関係、果ては顧問の先生への愚痴（嫉妬？？）まで。保健室とは違う面を見せてくれる子どもたちと過ごすことは、日常の職務にとても良い影響をもたらしています。

ここまで働いてみて

「性が近いからこそ話しやすいこともあれば、性が遠いからこそ話せることもある」結局はお互いの個性（キャラクター）なんだろうと、目の前の子どもたちから感じます。

自分自身、養護教諭として、女性のみなさんに比べて、できないことは多々あるのかもしれません。一方で、「男性養護教諭がいる学校」だからこそできる（示せる）ことは

バドミントン部の子たちと。どんどん上達する子たちに対して、とりあえず負けないことが目標。

まだまだ潜んでいるのかもしれません。それを他の先生方と見出す楽しみがこの学校にはあります。

ある朝の会話

引き継ぎの時期を迎えた生徒会の保健体育委員長（女の子）。全校集会での号令役など、人前に立つ仕事が多かった彼女は、自ら生徒会に立候補したわけではなく、キャラクターを買われての抜擢でした。

「やっぱりおかしかったわ！女子が保体委員長なんて。男子の仕事やのに！」

そこで僕「いやーそうとも限らんかもよ。そんなん言うたら僕なんか男で保健室の先生やでな」。

すると、すぐさま「先生はフツーやんか!!(●｀ε´●)」。

男性養護教諭は全国的にマイノリティなのは確かですが、少なくとも本校905人の生徒にとってはそうではないようで…。

中学校で用意したテキスト（左）と感想文集（右）。ハートはペアの先生のアイデアです。1時間目は学年の先生方から。2時間目は自分で描いてみようという形で。300人分のハートを文集に取り入れるのに苦労しました（汗）。

#05
大西康司
(名古屋石田学園星城高等学校)

おおにし・やすし／日本体育大学卒業後、養護教諭として勤務。保健体育の免許もあるため、初めの頃は授業も兼務していた。現在は第1種衛生管理者としての業務も行っている。流行には鈍感で我が道を行くタイプで、常に遊び心を持った陽気な性格であると自己分析する。愛知県私学協会学校保健研究会主任等歴任。男性養護教諭友の会副会長。

これからものんびり自分らしくいきます。

 魔法の言葉「いってらっしゃい」

いつの頃からか、保健室から退室する生徒に「いってらっしゃい」と声を掛けるようになりました。特に意識しているわけではありませんが、この言葉には不思議な力があるようです。教室に戻った生徒の多くは、その後、何事もなかったかのように普段と変わらない生活を送っている様子。中には下校前に保健室に立ち寄って「ただいま、元気になったよ、先生ありがとう、じゃあ、さようなら」と少し意味不明な元気な挨拶をしていく生徒もいます。

家庭で小さい頃より聞きなれたであろうこの言葉には、きっと何か心の中にある「やる気スイッチ」を押してくれる力があるのかもしれません。私はこの「いってらっしゃい」という言葉の裏側に「おかえりなさい」という言葉が隠れていると考え、生徒には「いつでも帰ってきなさい（帰ってきてもいいよ）」というつもりで使っています。たまに卒業生が「ただいま」と訪ねてきてくれることもあります。

 いつも「さんぽ」

来室者がなく時間に余裕があるときには、できる限り敷地内を「さんぽ」するように心がけています。時には花壇の整備をしたりすることもありますが、本校は、中学校を併設しており、職員室が4つ、保健室が3つあるため、特に用事がない場合でも、時々は顔を出して、先生方と雑談しながらいろいろな情報を仕入れるようにしています。

また衛生管理者という立場上、職員の健康管理という観点からも、先生方と少しでもコミュニケーションが取れるようにしています。

また、「さんぽ」は、普段、保健室に来る生徒のいつもとは逆の元気な姿を見ることもできるため、とても好きな時間です（授業中に手を振ってくる生徒がたまにいるのは困りますが…）。

本校卒業生で現在は保健室の隣にある事務室に勤める渡邊さんと。在学中は友だちとよくおしゃべりに来ていました。

「保健室の先生いますか?」

「失礼します、あれ? 保健室の先生いますか?」
「いますよ、君の目の前に」
「えっ?」

こんなやり取りを続けてもうすぐ20年目を迎えようとしています。今まで小学校、中学校では「保健室の先生＝女性の先生」という固定観念を持っていた子どもたちも「この学校の保健室＝男性の先生」と理解すると、その後は何の違和感もなく来室してきます。本校の場合、在籍の男女比率では男子生徒のほうが多いのですが、保健室の来室比率を比べると、なぜか圧倒的に女子生徒のほうが多くなります。子どもたちにとっては「保健室へ行く」ことが目的であって、そこにいる先生が「男性」なのか「女性」なのかは、大人が思っているほど、深く考えることではないのかもしれません。

 「保健室のお父さん（おじさん）」へ

今年の入学式は、例年と少し違う気持ちで迎えていました。桜が満開の中、校門前では、新入生とその保護者が記念撮影をしたり、初めて着用するネクタイを結び直したり、とても微笑ましい光景はいつもと変わりません。しかしその見慣れた光景の中で、私は一人の生徒が登校してくるのを待っていました。
『初めての電車通学、無事に乗換えができただろうか』
『乗り間違えていないだろうか』

あれこれ考えてしまう中、こちらの不安をよそにその生徒は入学式前に仲良くなった部員たちと笑顔で登校してきました。
「時間通りに来られたよ。どこに行けばいい?」
「おう、11組だからそこの列の椅子に座りな」
「わかった」

こうしたやり取りをして、少し安心した覚えがあります。もうおわかりだと思いますが、そうなのです、今年から息子が本校に入学してきて、同じ学校で3年間生活することになったのです。「自分の子どもと同じ学校で生活をする」というのはなかなか経験できないことだと思いますので、この3年間は今までと少し違った見方をしていけたらと思っています。

 「適当」「いい加減」

私のモットーは「適当」に「いい加減」にです。多くの人からは「えっ?」というような反応をされますが、説明すると理解していただけると思います。「適当＝適度に、当たり前に」「いい加減＝GOODな加減」です。

まだまだ少数派の「男性養護教諭」で、「普通」とは違う変わり者かもしれませんが、これからも「適当」に、「いい加減」にやっていけたらと思います。

顧問を務める女子バレーボール部員たちと。

息子（将輝）と入学式後に記念撮影。

#06 北田 瞬
（大分県立鶴崎工業高等学校）

きただ・しゅん／出身は福岡県北九州市。徳島文理大学で養護教諭の養成課程をへて大分県で初の男性養護教諭として採用。子ども4人の父であり、TVゲームやカードゲームを共に興じる。これまで教育相談に力を入れすぎて、保健指導の力量がないことに最近気づく。家族みんな、ミニオンズ好き。

養護教諭としてのアイデンティティ

養護教諭を目指した理由

　高校生のとき、特に目指す職業はありませんでした。社会の倫理という科目で心理学に興味を持ったことが今につながっています。大学のサークル活動で多くの人と関わる中で、「人と関わり、人の心を支えるような仕事に就きたい」と思うようになりました。

　その後、母校の県立高校での教育実習で、妊娠や虐待、性被害など、生徒が抱える問題の重さに直面し、一緒に背負うこともできず、何もできない現実に打ちのめされました。でも、そんなときにあっても、私は生徒から元気をもらい、私も生徒に少しだけ元気を与えられていたような気がしていました。自分という存在が消えそうなほどつらいときに、誰かがわかってくれていることのありがたさ、「人のあたたかさ」というものを知りました。そのときまではカウンセラーになって将来どこかに勤めることを漠然と考えていましたが、職場を学校に移し子どもたちの心と体の健康を支える養護教諭という職の可能性を感じ、「これだ」と思いました。

　また、そのとき恩師との出会いもあり、「男性と女性の養護教諭が保健室にいるということは、大きな可能性を秘めている。ぜひ県第1号の男性養護教諭になってほしい」とエールをいただきました。私という一人の人間、養護教諭を目指すこと、恩師からそのすべてを肯定していただけたからこそ、今の私があります。

　大学を卒業し、一般企業への就業などを経験しました。年齢の近い養護教諭と比べると、随分まわり道をして現在に至ります。故郷を出て夢の叶う場所を探し、平成25年度、晴れて九州初（？）の男性の養護教諭として大分県で採用されました。

男性の養護教諭として

　講師も含めると、今年でこの仕事を始めて9年目となります。最初こそ、「…男性養護教諭」ということを周りも自分も（特に自分）意識していたように思います。

　「…男性の養護教諭としてあなたは何ができると思いますか？」

　採用試験の最終面接でもそう尋ねられました。そして採用になった後も、「男性の養護教諭としてできることは何だろうか？」という部分に囚われ、自問自答していました。男性を採用してくれたのだから男性の養護教諭という＋αを体現しなければ、後に

目指す人の可能性を摘んでしまうとも考えました。

そんなあるとき、つらい体験をして真っ先に私に相談してくれた女子生徒がいました。そのときは勇気を出して話してくれたことを、ただただ感謝しました。養護教諭としてやるべきことにがむしゃらに取り組む中で、次第に「男性の養護教諭」という枠は払拭されていきました。とはいえ、保健室に来て月経痛のことを話しづらそうにする女子生徒はいます。養護教諭ですが性別は男性なので、女子生徒への気遣いや気配りには注意しています。

今残っているのは「自分はどんな養護教諭でありたいか？」というとてもシンプルな答えです。男性の養護教諭とは何か、答えを出せずに思い悩む日々があったことで養護教諭としての自分のあり方を強く意識することができ、それが自分の養護教諭としてのアイデンティティを形づくってきたと思います。

大分県第1号の男性養護教諭として

養護教諭を目指したのが遅い分、追いつこうと必死で、これまで研修と名のつくものに多く参加してきました。そして自己紹介のときには、聞かれてもいないのに「養護教諭をしている北田です」と名乗ってきました。もちろんその度に、小中高すべての先生方からは、「えっ？」という驚きの表情。もちろんただ目立ちたいわけではなく、「県内に男性の養護教諭がいるという事実を知ってほしい」、ただそれだけでした。もしかしたら後に、養護教諭になりたいという男性が現れるかもしれない。そのためにはまず大分県の先生方に認知していただかなければと考えていました。

そして9年目となり、今年とても嬉しいことが起こりました。そう、養護教諭を目指している男性が県内にいるというのです。すぐ連絡をとり、その日のうちに会いに行きました。養護教諭を目指した理由を聞くと、高校で進路を考えていたときに保健の先生から「県内に男性の養護教諭がいるよ」と教えてもらい、「それまで男性はなれないと思い込んでいたけど目指していいんだと思った」とのことでした。自分のやってきたことが認められたような気がして、とても嬉しくなりました。これから良き先輩となれるよう、ますます身が引き締まる思いです。

執務の様子。話を聴くときに大切にしていることは、対話の"呼吸"。

前任校で「命の授業」をしているときの様子。「他人も自分も大切にできるようになるために…」というテーマ。

#07
木村純一
(東京都立町田の丘学園 山崎校舎)

きむら・じゅんいち／東京都で2人目に男性養護教諭として採用され今年で10年目。大学時代には救急救命士の資格を取得しました。現在は知的障害と肢体不自由の併置校に勤務しています。休日は知的障がい者サッカー／フットサルの指導に携わり、日本代表コーチ／監督として、ブラジル、エクアドルなどの世界大会に帯同。指導者兼トレーナーとして、今流行りの二刀流。男性養護教諭友の会では「体育会系男性養護教諭」に分類されています。

すべては子どもたちのために

 男の保健室の先生だって!

採用前、学校見学をさせていただいた日でした。「ここが体育館です」と案内された先で、楽しそうに体育をしている子どもたち。その奥から、「えー!?おとこ?」「あれが噂の…」と、先生方の鋭い視線を感じました。保健室に場所を移すと、「なんで男なのに養護教諭になったの?」。私は、「え…」これからやっていけるのだろうかと、不安を覚えたことを今でも鮮明に覚えています。それから10年が経ち、その景色は少しずつ変わっていきました。

 男性養護教諭として期待されること

「女子に気を付けることはありますか?」この質問は非常によく聞かれます。自分としては、①保健の先生として、真摯に答える(困ったときには女性の先生に協力してもらう)。②密室にしない(第三者がいる環境にする、ドアを開けておく等)。③配慮が必要なときには、こちらが気にかけていることを伝え、意思を確認する。といったことに気を付けています。特別支援学校には男子が多いこともあり、心配していたことよりも、実際には必要とされることが多かったのは嬉しい誤算でした。

また、子どもたちは「保健室の先生は女性」という先入観がありません。それと同時に、「これは女の先生には見せられないから木村先生に!」とか、「これは男の先生には話せない!」と、子どもたちが性差について考えるきっかけになっていると感じます。こちらももちろん気を遣っていますが、子どもたちはそれ以上に相手を考えているように感じます。

思春期の相談は、一番頼りにされる場面です。ある日、軽度知的障害のある中学部男子の保護者の方が、「通販用の女性の下着のチラシをこっそり見ているようなんです。家からは全部処分しても、どこからか持ってきてしまって…」と相談に来ました。「社会的にやってはいけないことを教えるのは大事です。ただ、頭ごなしにダメばかりでなく、なぜダメなのか、どういうときは良いのかも合わせて考えていくのはどうですか」と相談を重ねていきました。知的障害のあるお子さんは「あいまいな表現」や「自由の中から選択すること」は苦手です。保健指導の際は「具体的に、選択肢を絞った中で、自分で選んで行動していく」という経験が積み重ねられるように心がけています。

また、「友達から聞く経験」が乏しく、「誤った情報でも信じてしまう」といった側面もあります。「お父さんにこういう相談はしないの?」と聞くと、「だって恥ずかしいじゃん!」というのが一番多い答えです。学校の中で、恥ずかしいことも相談できるお父さん(できればお兄さん!?)のような存在であるならば、嬉しい限りです。

 特技を生かして

大学時代に救急救命士の勉強をしていたことが、いま非常に役立っています。特別支

援学校の特性として、思いもよらない事故が起こります。てんかん発作で階段から転倒したり、転倒時に手が出ないことによる頭部や顔面の怪我、パニックになりガラスに突撃してしまったり、バスケットボール大会で突然の心停止に対応したこともありました。

養護教諭の先生方には様々なタイプがいらっしゃると思います。保健指導が上手、カウンセリングが得意、先生方を巻き込んで学校保健を進めていく…いろいろな先輩の先生方を見てきました。私も養護教諭として一人前の職務をこなしつつ、プラスして自分の強みを生かしていけると、男女関係なく、養護教諭としての信頼感も増すのかなと思っています。

この緊急時対応の経験や学んできたことを整理して、少しでも現場に役立てばと思い、「学校における緊急時・災害時の対応」と題して自主研修会を行っています（http://emergencyfirstaidinschool.com）。

学校では心肺蘇生法の研修は毎年行っていることが多いですが、心停止より手前の、グレーゾーンはどう対応したらいいのか、緊急時の延長線上である、災害時にはどんな対応が必要なのか、養護教諭の先生方からも非常に需要が大きい分野だと感じています。この活動を始めたきっかけは、「自分の子どもが学校に通い始めたとき、その学校が安全で安心な学校であってほしい」と思ったところがスタートでした。研修に参加された先生方の現場の声をいただきながら、学校に還元できるようにしていきたいと思います。

男性養護教諭という言葉がなくなる日

これまで私が不自由なく勤務してこられたのは、ペアを組んでくださった養護教諭の先生をはじめ、多くの教職員、保護者、子どもたちの支えがあったからです。「男性養護教諭が増えてほしい」とか、「男性のほうがいい！」とは、思ってはいません。ただ、子どもたちにとって、保健室で選択の余地ができるように、また、男女問わず養護教諭になりたい人がなれるように、男性"も"養護教諭として存在し続けていくことが大切だと思っています。

冒頭で、初任の頃に厳しいことを言っていただいた養護教諭の先生に、「謙虚な人が一番伸びるのよ。これからも頑張ってね」と言ってもらえたことは、私の不安が自信になった瞬間でした。もしお近くに、養護教諭になりたい男性がいらっしゃったら、「やっている人もいるみたいだよ」と、そっと応援してあげてほしいと思います。私も、「すべては子どもたちのために」というモットーを忘れずに頑張っていきます。

東京都で働く男性養護教諭7人が集合！　小学校、高校、特別支援学校（知的、肢体、聾）、いろんな校種で活躍しています。

緊急時・災害時の対応研修会の様子。寝ているわけじゃありません…。実技をたくさん繰り返し、お互いに学びあうのが好評です。

養護教諭と生徒、指導者と選手として、雰囲気の良い関係づくりを心掛けています。
（写真：内田和稔）

#08 篠田大輔
（洛南高等学校附属中学校）

しのだ・だいすけ／地元、愛知の中京大学体育学部で保健体育教諭の資格を取得後、徳島文理大学家政学部へ編入学をして養護教諭の資格を取得しました。京都の私立高校で2年間勤めた後、現在の学校に勤め、14年目を迎えています。男性養護教諭友の会の会長を務め、男性養護教諭の繋がりを深めています。

ソフト体育系男性養護教諭

　私は男性の養護教諭がもっと増えることを願っています。まだまだ「保健室の先生は女性」という固定観念が根強く、男性は養護教諭になれないと思っていたという話も耳にします。ですから、実際に働いている男性養護教諭がいることを、もっと多くの人に知ってもらいたいと思っています。

　毎年、夏に男性養護教諭の研修会を開催し、男性養護教諭の輪が少しずつ広がっていることを実感しています。実際、人数も増えてはいますが、養護教諭全体からみれば1％にも満たない数です。男性養護教諭が集まり、養護教諭を目指す男子学生たちに、現職の男性養護教諭を身近に感じてもらい、男性養護教諭同士の繋がりを深めていくことが、男性の数が増えることに繋がっていくと信じています。

私が養護教諭を目指した理由

　私は幼いころ病弱で、体調不良を訴え保健室に行き、母親に迎えに来てもらっては早退するような子供でした。ですから両親は私を鍛えようとスイミングスクールに通わせました。選手コースに通うようになり、日曜日以外は毎日通ったお陰で、身体は丈夫になり、体調を崩すことも少なくなりました。しかし、高校進学を機会に、水泳を止め、運動もしなくなり、しばらくはダラダラとした高校生活を送っていました。すると少しずつ体調を崩すことが多くなり、これは大変だ、やはり運動を続けなければと思い、学校の水泳部に入りました。こんな経験から、健康で生活するには、運動は必要不可欠なものだと知りました。

　水泳を続けながら、高校生活3年間を健康に過ごすことができました。そして大学進学を考える際、何学部に行こうかいろいろ悩みましたが、シンプルに「自分はどう生きたいか」と自問したとき、私は「健康に生きていきたい」ということに気づいたのです。健康でいるためには運動が必要だという私自身の経験から、運動を通じて自分の健康はもとより、人々の健康も支援できる人間になろうと体育学部に進学することを決めました。

　無事に体育学部のある大学に進学することができましたが、実家から少し離れていたため、ひとり暮らしをすることになりました。運動部に入り大学生活を過ごしていましたが、そこで健康は運動だけでは成り立たないと思うようになりました。運動はもちろん必要ですが、ひとり暮らしをして、食事（栄養）、環境衛生、家族の存在などいろんなものがかみ合って健康というものが成り立っているのだと改めて感じたのです。運動だけでなく、そういったいろんなものをトータルに支援できる仕事はないかと考えているとき、大学の「学校保健」の講義の中で養護教諭を紹介する内容がありました。そこでは保健室を「心のオアシス」と題し、保健室登校の生徒の話を聴いたり、保健便りを使って保健指導をしたりといった、保健室の仕事内容が紹介されていたのです。また学校の健康を総合的に管理しているのが養護教諭だとも紹介されていて、「これだ！」と思い、養護教諭になると心に決めました。

保健室での日々

私の勤務校は中学・高校合わせて約2,150人の生徒が在籍しているため、女性の養護教諭の方達と複数配置で保健室業務を行っています

けがをする生徒が多く、体育も常に真剣でよく擦りむいたり、捻ったりで保健室に来ます。運動クラブは全国大会に出場するクラブも多く、毎日けがが絶えません。1日に複数回、生徒を病院に連れて行くこともあります。病院受診している間に、もう一人受診させなければということもあります。規定通りにいかないこともあるので、その点は臨機応変に、対応しています。

生徒対応に関しては、気づいた養護教諭が対応していますが、常連さんはなんとなく、お気に入りの養護教諭がいるようで、生徒のほうから寄って来たり声をかけたりします。

 ## 健康指導

私が行っている健康指導は、高校生対象のバドミントン同好会の活動です。私の勤務校は高校進学すると、全国大会に出場するような強豪クラブが多いため、勉強と運動の両立が難しくなります。しかし運動することが大好きで、休み時間にグラウンドや体育館で遊ぶ生徒が多いです。

勉強の両立がしやすいクラブ活動で、かつ卒業後や就職してからも気軽に取り組みやすいスポーツで、私自身が今でも楽しんでやっているバドミントンを同好会という形で始め、週2～3回活動しています。同好会といっても、希望者は高体連主催の試合に出場して、部活動としてやっている他の学校の生徒と対戦したりもしています。

私は養護教諭として、健康の保持・増進として体を動かすことの重要性を伝えていきたいと思っているので、この活動には力を入れています。

運動に取り組む形は人それぞれでいいと思います。もちろん試合に勝つため、己に勝つため、辛い練習を乗り越えるという活動も大切だと思います。けれど、ストレス発散やコミュニケーションの場であったりすることも、非常に意味のある活動だと思います。特に進学クラスで勉強に熱心に取り組んでいる生徒にとっては、そういった意味合いの活動が大切であり、心身のバランスをとるのにも重要だと感じています。

3年間、同好会活動に積極的に参加し試合にも出場していた生徒の中にも、現役で東大や京大に進学した生徒もいます。1時間程度の活動ですが、真剣に取り組む生徒は汗だくになり、「楽しかった」という言葉を聞くとこちらもうれしくなり元気をもらいます。

 ## 男性ならではの メリット・デメリット

よく、「男性ならではのメリット・デメリットは？」という質問を受けます。しかし、毎回、特にないと答えます。

養護教諭をしていて性別を感じたのは、女子生徒がナプキンを借りに来て、話づらそうにしていたときぐらいです。しかし、「貸してください」と平気で私に話しかける生徒もいます。ナプキンの置いてある場所を指示して持っていってもらうようにしています。逆に男子生徒が股間を打ち、女性養護教諭に話しにくそうにしていることもあるので、性別によるメリット・デメリットはフィフティ・フィフティだと思います。

今まで養護教諭として働いてきて、男性だから難しいと感じたことは、私自身はありません。男性養護教諭同士で話をするときも、いつも男性・女性は関係ないという結論になります。

男性でも活躍できる職種だと思うので、たくさんの男性に養護教諭を目指して欲しいと思います。そして「男性養護教諭」というフレーズが無くなっていくことを願っています。

健康指導として実施しているバドミントン同好会で生徒に指導をしているところです。週2～3日で1時間程の練習時間しかないので、楽しく汗をかいてもらえることを考えて指導しています。

#09 高橋清貴
（阿賀野市立水原中学校）

たかはし・きよたか／新潟県長岡市で生を授かり、親兄弟親戚縁者関係者各位の寵愛を受け、すくすくと育ち、講師経験と何度かの採用試験を経て、2011年新潟県初の男性養護教諭として採用されました。現在は愛する配偶者の手料理で、すくすくと横に育っております。

Stand by me, stand up to.

「あしたっていまさッ！」

なぜ、養護教諭を選択したのか。それは、私自身、思春期の多感な時期に学校の先生に、私の気持ちを聞いてもらうことで救われた思いがしたからです。「話を聞いてもらうことはこんなにも救われる思いがするのか」、当時はきっとそのように思ったに違いありません。「話を聞くことで誰かの気持ちを楽にすることができるのなら、そうした職業へ就きたい」と思い、養護教諭になることを志望しました。指導力と慈愛にあふれる大学教官と、面倒見のいい同級生たちに囲まれ、大学を卒業することができました。ただ、今の状態で社会に出ても通用しないと思い、同大学院へ進学しました。大学院在籍中には採用試験を突破することができず、大学院修了後は、養護助教諭として働き始めました。無職期間や、お菓子工場勤務なども経験しました。

その後は採用試験を突破することがなかなかできずに、養護教諭への道を諦めかけたこともありました。一般企業への就職を目指したこともありましたが、そんな中途半端な気持ちで就職できるわけはありません。ようやく「自分には養護教諭しかない」と腹を括ることができました。採用試験に挑戦している間、家族は温かく見守ってくれ、支援してくれました。圧倒的感謝です。2011年（平成23年）に新潟県に採用となりました。「あした（未来）にはなりたい」と思っていた養護教諭にようやくなれたのです。

「『道』というものは自分で切り開くもの」

採用されてからは複数配置が続きました。経験のない私の目前で、先輩養護教諭の仕事ぶりを見ることができたのは、なによりの勉強でした。そして、いろんなタイプの養護教諭がいることも知りました。この頁を読んでいる方の中で、もし「自分は養護教諭に向いていないのではないか」と自信をなくしている人がいるのなら、「みんな違って、みんないい」。もちろん、養護教諭としての職務を一生懸命全うすることは言わずもがなです。

複数配置で仕事をさせてもらい、自分の中の養護教諭観が定まってきました。優しいだけでは教育ではないでしょうし、厳しいだけじゃ養護教諭の意味がありません。同期は、私を温かく迎え入れてくれましたし、また、お互いの養護教諭観や保健室対応、健康教育の在り方などで熱く議論を交わしたりもしました。悩んだり、落ち込んだりしても、養護教諭が嫌にならなかったのは、先輩や同期、同僚がいてくれたからだと思います。

養護教諭は学校においては

一人職ではありますが、決して"独り"ではないと感じました。

「黄金の精神」

最近、保健室でよく関わる生徒との会話の中でハッと気付かされたことがありました。

「高橋先生ってレアなの？保健室の先生の男女の割合は半分くらいかと思っていた」

なるほど。中学生が養護教諭と接するのは、小学校と中学校の9年間のみです。その中で、男性養護教諭と接する機会があれば「養護教諭の男女の割合は半々くらい」と思うのかもしれません。逆に言えば、実生活の中で、女性養護教諭とだけしか接する機会がなければ、「養護教諭は女性」という認識が形づくられるのかもしれないなと思いました。

「男性の養護教諭がいるといいよね。男子生徒が相談しやすいもの」

という言葉をよく聞きます。しかし本当にそうでしょうか？

男性だからといって、男子生徒の悩みが100％わかるわけではありません。そして、意外に思われる方もいるかと思いますが、女子生徒からの相談だって、少ないとは言いません。

ここで述べた「男性」養護教諭、「女子」生徒というのは、あくまでも「生物学的性」で区別されているにすぎません。しかし、多様な性に柔軟に対応されることを求められる昨今、それでいいのかな？という思いもあります。いかような「生物学的性」であっても、養護教諭という職務を遂行するに当たり、その「生物学的性」にこだわる必要はないのではないでしょうか。確かに、私は女性の身体については当事者性をもっては語ることができません。月経痛がどれくらい辛いかは、身をもって体験することはできません。

だけれども、当事者性がなくても、相手を思いやることはできます。妊婦さんや、高齢者、怪我人や、目には見えない傷を負っている人に気配りすることは、誰にでもできることですし、したほうがいいことだと思います。相手を思いやることは、養護教諭だけに限ったことではないはずです。

「真実に向かおうとする意志」

男性養護教諭が活躍していくために必要なこと、それは理解だと考えます。私の元相方からいただいた言葉を紹介させてください。

「『男だから』『女だから』とこだわらずに職務を全うしてほしい。先生は養護教諭なのだから」

このような、理解と支援があったおかげで、私は初任で多くのことを学ばせていただきました。

私自身、どんなあした（未来）が待ち受けているか、楽しみにしております。そして、この頁を読まれている方々の周りに男性養護教諭や志望する学生がいたとしたら、温かく見守ってほしい、というのが、私の切実なる願いであります。

ときには来室生徒と一緒に勉強することもあります。今日の課題は英語。普段「能あるタカは爪を隠す」を自主的に実践しているため、隠しすぎて本人も能と爪の所在が不明…むむむ、中学英語はなかなかムズカシイです。

#10 田之上啓太
（京都市立東山総合支援学校）

たのうえ・けいた／小学校と高校の養護教諭の仕事ぶりに憧れて、進路は高校生の段階で「養護教諭一本」。京都市で1年の講師経験を経て、2017年に京都市初の男性養護教諭として正規採用。「子どもの心を忘れない」いつでも、いつまでも子どもの目線までおりていき、寄り添っていきます。

1／65人じゃなくて、1／43,000人

皆さん、「65」という数字を見て思い出すことはありますか？　すぐにピンッとこられた方、ありがとうございます。65という数字は平成28年度（文部科学省学校基本調査）の男性養護教諭の人数です。この連載のおかげで、男性養護教諭の認知度もどんどん上がっているのだと思います。私も今年度より、京都市に採用され、その仲間入りを果たしました。

約0.16％という割合の中で日々子どもと向き合う男性養護教諭ですが、養護教諭の前に「男性」の2文字がついているだけのことであって、あくまで「養護教諭」です。だから私は、1／65人の存在ではなく、全国に約43,000人いる養護教諭の一人、皆さんとなんら変わりない養護教諭であり、日々子ども、保護者、教職員、地域と接しています。

 自分がいいと思う ≠相手がいいと思う

勤務初日、「今日から私は憧れの養護教諭だ」という可能性を秘めた思いでいた私と、「男性養護教諭が来る」という「不安」を抱えていたであろう勤務校。「君がうちの学校に来ると知って、一番驚いていたのは私」と教えてくれたのは校長先生でした。しかし、「今となってはこの学校、生徒、教職員、保護者にとって、とても自然な存在」と受け入れてくださっています。それはとてもありがたいことで、同時に自分がやっていることは間違っていないという自信も与えてもらいました。

そうは言われても、「男性養護教諭と働いたことがある」という先生はまだほんの一握りであり、こちらが問題ないと思っていても、本当のところはどうなんだと心配や不安があっても仕方がないのかもしれません。ですから、京都市第1号の男性養護教諭として、「田之上先生なら大丈夫→男性養護教諭って大丈夫→第2号、3号…→誰にとっても自然な存在」と、「男性養護教諭」という枠組みでなく、「養護教諭」という枠組みで見てもらえる日が来るよう、頑張っていきたいと思います。

 男性養護教諭 としての工夫

体に直接触れたり、個別の対応であったり、養護教諭の職務は子どもの体や心のプライバシーの部分まで診ることが多いと思います。そこには、養護教諭側の性別、児童生徒の性別問わず、配慮が必要となってきますよね。男性の養護教諭ということで、私が配慮している部分の一部をあげさせてもらいます。

・内科検診は生徒の性別に

合わせて、同性の養護教諭がスクリーンの中に入って対応し、異性の養護教諭はスクリーンの外で生徒の指導にあたる。
・個別対応時は密室の空間を作らない。また、座席の位置についても配慮する。
・応急処置や、ボディートークをする際、体へ触れるときは声をかけてから行う。

　月経など、男性という部分で、女性への気遣いをすることはありますが、案外他の先生方が気をつけている点と変わりないのではないかと思います。

男性養護教諭の男子対応

　私が養護教諭になり、初めて生徒から声をかけられたのは男子生徒でした。
「先生、ちくびにシコリがある」
そういった彼は、とても不安そうな顔をしていました。その言葉を聞いた私は、思春期の頃自分の体の変化に戸惑ったことを思い出します。
　「男性養護教諭」と聞いて思い浮かぶのが「女子対応どうしているの？」ではないでしょうか。そこに「気配り」はあっても、「問題」はないことは言いきれます。逆に、「男子対応どうしているの？」と聞かれることは全くありません。果たして男性だから男子の悩みに真っ向から向き合えるか…、もっともっと自分が自信をもって対応できるように研鑽を積むことが必要だと感じました。
　男性の養護教諭という立場である以上、男子児童生徒にとってのモデル像になりやすいと思います。だからこそ、どれも一番大事ですが、男子の成長に関しては、特に寄り添っていけるようになりたいと強く思います。

志あるところに道あり

　私がまだ教師ではなく、普段接している子どもたちと同じ歳だった頃、必ず自分のことを理解してくれる先生がいました。小学校で転校してきた私に居場所を作ってくれた先生、思春期の多感な時期を支えてくれた中学の先生、様々な経験をさせてくれた高校の先生、茨の道を歩きやすいよう支えてくれた大学の教授…、「先生」という存在が子どもに与える影響は、想像がつかないほど大きなものなのだと感じています。
　今やっとスタートラインに立つことができました。今度は私が支える番。「子ども第一」で関わってくれた先生たちのようになるため、自分の志を持って、これからの道を歩んでいきたいと思います。

ICTを活用した歯みがき指導。1分、3分、5分歯をみがくグループにわけて、どのグループが一番きれいかプラークテスターで確認し、歯をみがく時間の大切さを目で見て実感できる学習でした。

来室した生徒と囲む丸テーブル。温かい雰囲気で、生徒と話すことができます。

#11
津馬史壮
（岐阜市立鶉小学校）

つま・ふみあき／養護教諭6年目、岐阜県で唯一の男性養護教諭として、子どもたちに笑いとエネルギーを届けるため奮闘中。勤務校は1、2校目ともに小学校。最近の楽しみはスノーボード、バドミントン、消しゴムはんこ作り、都道府県巡りの旅。今年中に20都道府県に出かけることを目標に各地の学会や研修会にも参加し、研鑽の日々（現在17都道府県）。

「なのに」から「だから」になるように

「つま先生って、何する先生？」

養護教諭なのに男性。この言葉を聞いて、みなさんはどのように感じられますか。きっと不安や、興味、違和感など様々な感情をもたれると思います。全国的に人数が増えつつあるといっても、男性の養護教諭はまだ65人。周りの常識には無い、「未知の存在」とされているのかもしれません。しかし、この原稿を書きながら私は「養護教諭が男性だと、何が問題なんだっけ？」と思い始めている自分に気付きました。

確かに、「養護教諭は女性」という先入観のため、着任式後に児童から「つま先生って何する先生？」と不思議そうに聞かれたことがあります。どうやら、私の珍しい苗字を聞いて「つま先生」という校長先生や教頭先生、給食の先生、図書の先生といった「職名」だと思ったようです。また、保健室に体調不良のために子どもを迎えに来た保護者の方に「保健室の先生はどこにいらっしゃいますか？」と聞かれたりすることもありました。

しかし、これまでと違う存在に対して、ちぐはぐなやり取りがあるのも初めの短い期間だけです。すぐに子どもたちや保護者の方が順応して、5月ごろには「保健室のつま先生」として受け入れてもらえたように思います。

子どもたちへのアンケートの結果は

今の勤務校は昨年度、私が着任してから複数配置になりました。同時に異動してこられた女性の養護教諭の方とコンビを組み、保健室経営にあたっています。子どもたちにとっては男性の養護教諭も、養護教諭が2人いる保健室も、初めての経験です。

養護教諭が2人になったことで子どもたちが何を感じ、何を期待しているのか、複数配置になった保健室は子どもたちに何を与えることができているのか、年度末にアンケートをとりました。

相方の先生とアンケートを作る際、「男の先生と女の先生を選べるようになった」と感じている児童が多いはずだと予想していました。しかし、結果はとても興味深いものでした。

多くの児童の支持を受けた項目は、「発育測定のときに健康について話をしてくれる」（87.3％）と「保健室に先生がいることが多くなった」（85.9％）でした。意外なことに性別が全く関係のない項目だったのです。「保健室の先生」といっても校内巡視や児童がけがをした際の病院への付き添い、出張など、どうしても保健室を離れなくてはいけない場面が養護教諭にはあります。2人いることで保健室を空けてしまう時間を少

なくすることができるようになり、子どもたちの「保健室以外の場所でよく会うようになった」(74.4%)、「安心する」(71.7%) という思いに繋がっているのだと思います。

もちろん、「男の先生と女の先生を選べるようになった」ことを嬉しい、と感じている児童も35.8%いました。子どもたちが自由に記述できる項目「養護教諭が2人になってよかったこと」には、「男の先生が来て、話しやすくなった」「今まで女の先生だけだったけど、男の先生もいて安心する」など、2人いる異性の養護教諭に対してニーズがあることも再確認できました。

子どもたちの多くが求めているのは、けがをしたり体調をくずしたりしても大丈夫、気軽に何でも相談できる、という困ったときに助けてくれる安心感です。その安心感のために、手当てのときに体に触れる際は声かけをする、最低限の接触にする、部位によっては同性が対応する、など配慮が必要になることはあります。しかし、養護教諭が男性であるか女性であるかはあまり関係がなく、保健室にいつもいて、子どもたちにとって支えになれることが大切なようです。そして、男の先生に話すか、女の先生に話すか、2人に話すかを選ぶことができるのは、異性の養護教諭がいる複数配置だからこそ得られる大きなメリットです。

一人の「養護教諭」として

私は男性の養護教諭ではなく、一人の養護教諭として働いてきました。「男性だと問題」や「男性だから不便」と感じることは、正直今はありません。どちらかというと「経験が浅いから」「能力、技術が不足しているから」と、自分の力不足を感じることはたくさんあります。男性であることに難しさがあるとするなら、「まだ男性の養護教諭はとても少ない」ことに尽きるようにさえ感じています。

そんな私ですが、実は前任校の離任式後に子どもから衝撃的な言葉をかけられました。「次に来る先生がオジサンだったらどうしよう…」

子どもたちにとって男性の養護教諭の存在が当たり前になり、次も男性の養護教諭がやってくると思われるまでになった実感がありました。

性別、年代、自分や自分の常識とは違うものに対して抵抗感は拭いきれないものはあります。それ以上に、子どもたちに安心感を与えられる養護教諭を目指して子どもたちの前に立ち続けたいと思っています。その先で「養護教諭はオジサンでも大丈夫」「いろんな養護教諭のいる保健室だから良い」と思われるといいなぁ。

子どもたちから多くの支持を集めた発育測定の際の保健指導。内容が印象に残りやすいようテレビを使い、視覚に訴えかけるようにしています。

勤務時の服装(後ろ)。動きやすさを重視してジャージ+ランニングシューズです。この日は学校ポロシャツ。後ろのデザインの消しゴムはんこも作りました。

#12 長野雄樹
（北海道旭川北高等学校〔夜間定時制〕）

ながの・ゆうき／新生児・小児科看護師としてのキャリアを経て、2016年北海道教育委員会にて正規採用。"氷点下41℃の街"で知られる北海道旭川市在住。休日にはBBQインストラクターの資格を持つ友人らとアクティブBBQを楽しむ。インドア顔だが、超アウトドア派。目の前の生徒たちと愛兎のなっとくんをこよなく愛する、自称"旭川の星野源"。
※保健室にうさぎは常駐しておりません（笑）

生徒の"今"と向き合います。

 「先生には、夜間定時制高校に着任していただきます」…!?

いじめによる不登校を理由に夢を追えなくなってしまった患者（当時中学1年生の女子生徒）と小児科看護師として向き合う経験を機に、病院から飛び出して「養護教諭になろう！」と決意したのが今からちょうど3年前。1年間の養護教諭特別別科での学びを経て、採用試験にも無事合格。養護教諭として過ごす毎日をあれこれと想像している最中、思いもよらぬサプライズが待っていました。
「先生には、夜間定時制高校に着任していただきます」
…定時制ってどんなところ!?生徒が働きながら通う学校？年配の方も通っているのかな？養護教諭としての仕事をさせてもらえるのだろうか？ んー…。
夜の保健室で過ごす日々をなかなか想像することができない中で迎えた始業式。
「生徒たちのことを知りたい。とにかく、たくさん話をしよう！」
期待と不安が入り混じる中、僕の養護教諭としての生活が始まりました。

 生徒たちが背負う少し大きめな荷物

家庭内でのトラブルによって深く心を傷つけ、自身の身体を痛めつけてしまう者。パートナーからの暴力と、それでも相手が好きだという気持ちの狭間で苦しむ者。他者とのコミュニケーションが思うようにいかず、堪えようのない感情を周囲に爆発させる者…。
毎日学校で顔を合わせる生徒たちは、過去様々な理由によって学校へ通えなかった者が多くを占めています。また、やんちゃというよりは内気な性格の子が多く、そしておそらく全日制の高校に通っている生徒たちよりも少しだけ背負っている荷物が大きいのかなぁ…と。彼らと共に過ごす中、日々そんなふうに感じています。

 純粋な生徒はまるでスポンジ!!

夏休みも間近に迫ったある日。表情の冴えない、ある女子生徒が保健室を訪ねてきました。こちらもまた、本校に入学する前は不登校傾向のあった生徒です。
「先生、"アレ"がこないんです…」
ふむふむ、なるほど。
「じゃあ、まずは前回の月経から振り返ってみようか」
一瞬、ドキッとしてしまう生徒からの一言。この連載を読まれている先生方なら彼女へ向けて、どのような言葉かけをされるでしょうか？ 結局、彼女の言う"アレ"はその後無事にやってきました。しかし、詳しく話を聞いていくうちに随分と前から月経不順の兆候がみられていたということ。さらには、その度に彼女自身が不安な気持ちになっていたという"困り感"を見つけることができました。そこで僕は、「基礎体温っていう言葉を知っているかい？」と切り出し、この後続いたやりとりをきっかけに"自分の身体を知るということがいかに大切であるか"というテーマをもって、彼女と共に勉強会を行う運びとなりました。
方法はいたってシンプル。放課後の決まった曜日に保健室に来ては、「自分の身体を知ろう！

特別号」と銘打った保健だより（教材）を用いてテーマ毎に1回30分程の時間を使ってお勉強。時には友人を誘って複数名で行う日もあり、自由な雰囲気で約1年間この勉強会は続きました。

初めは、内性器のイラストをみて子宮の場所すら言い当てることができなかった彼女。驚くなかれ、今では自ら基礎体温表を作成し、「あ、昨日排卵日だったかも！」などといった言葉が本人の口から聞かれるようになりました。さらに、自身の身体について正しく知ることが、当時強く拒否感を示していた医療機関への受診に対する考え方にも変化をもたらし、必要に応じて適切な医療を受けることができるようになったのです。

過去に「不登校」という彼女なりに必要であっただろう時間を過ごし、それを乗り越えて自身の身体と向き合うタイミングをまさに"今"迎えた彼女にとって、共に学んだ内容はどれも新鮮なものであったに違いありません。想像以上のスピードで新たな知識を貪欲に吸収していく様は、まさにスポンジ‼ これからもどんどんいろんなものを吸収し、成長していく彼女の姿を想像すると、養護教諭としては愉しみで仕方がありません。

"イチ養護教諭"として…

先日、本校全日制課程の生徒が僕のもとを訪ねてきました。3年生の男子生徒が2名、いずれも看護師志望です。男性として看護師を目指すことについて不安な気持ちを漏らす彼らへ、私はこのような言葉をかけました。
「『男性看護師』っていう言葉はもはや死語になりつつある。それは、先輩方のおかげで病院に男性看護師がいることがある意味"普通"になってきたから。活躍できる場（診療科）だってどんどん広がっている。自分たちから壁を作ることをせず、"イチ看護師"として、自分がしたい看護をしっかり持っていれば、周りは受け入れてくれるさ」

少しだけ、彼らの表情が和らいだように見えました。

男性養護教諭がまだまだマイノリティな存在であることは誰の目から見ても明らかです。しかし、決して0（ゼロ）ではありません。この"0（ゼロ）じゃない"ということがとても重要であり、今後養護教諭を目指す男子学生らにとっても大きな励みとなることでしょう。これまでに、パイオニアとして男性養護教諭の第一歩を踏み出してくださった先生方への感謝を忘れず、その次の世代を担う僕たち若手教員が、"イチ養護教諭"として毎日の実践を着実に積み重ねていく。これにより、「男性養護教諭」という言葉もいつの日か死語になることを願ってやみません。

本文中にも登場した個別の保健指導で使用する教材。毎回、テーマに合わせた教材を使用するので、作成に時間と手間はかかるが、「生徒の変化を肌で感じられる保健指導が大好きなので、教材作りは全くもって苦ではありません」と語る。

自身が顧問を務めるバドミントン部生徒とのリハビリ中の様子。不登校を長い期間経験した生徒たちは、基礎体力や身体の動かし方が充分身についていないケースが多く、そのぶんけがをするリスクが高い。「けがの一次予防はこれからの課題です」と語る。

"歯科受診未経験の生徒が多い"知らないことからくる不安が、歯科受診に結びつかない大きな要因となっていることに気づき、学校医全面協力の下で作成した歯科治療の実際を示した掲示物。学校医による講演会と合わせ技一本で、今年度歯科受診者が急増！

#13 船木雄太郎
（大阪府立刀根山支援学校 大阪精神医療センター分教室）

ふなき・ゆうたろう／大阪府初の男性養護教諭となり16年目。肢体不自由、知的障がいの支援学校を経験し、現在、病弱支援学校に勤務。自作の保健指導ソングをギターで弾き語るスタイルを確立。今年度より首席となり、養護教諭の強みを活かして学校運営に関わる。しかし、未知の領域に悪戦苦闘中。

養護教諭として認めてもらうために…

 自作の保健指導ソングで勝負！

初任の肢体不自由支援学校でのことです。電動車椅子に乗った生徒が保健室に来て、「俺、ギター弾きたいねん」と話したことをきっかけに、自分のギターを保健室に持ってきて教え始めました。すると、ギターを見た教員から「ギター弾けるなら、歌いに来てや！」と言われ、小学部のお楽しみ会で、スピッツの「空も飛べるはず」を弾き語りしました。参加していた保護者から、「いつも、先生の歌を子どもが聴いています！ 実は録音していました」。

そこで、保健指導ソングを作詞作曲しようと試み、完成したのが『歯みがきアンパンマン♪』。給食の時間に、校内放送で曲を流しました。すると、事務員さんが、アコースティックギターを譲ってくださり、そして、教員から教室に歌いに来てほしいと言われ、各教室を回って弾き語るようになりました。15年ほど経った今でも学校で教員が歌い継いでくれていることを、最近知りました。知的の支援学校では、集団保健指導の機会が多くあったので、次々と曲をつくり披露してきました。『もうすぐ夏休み♪』『ぼくとわたしのきもち♪』『シーフードミックス♪』『鼻血がでた♪』等30曲…。すると、ギターに興味をもつ生徒がでてきたので、音楽の教員とともにフォークソング部を立ち上げ、学習発表会での演奏や、校内ライブなどを行いました。

 性に関する指導の講演会や相談会を引き受けています

知的支援学校での性に関する指導・支援は、養護教諭として大きな転機となりました。保健室に投げかけられた生徒の性に関する問題に対して、従来の性教育では限界を感じることがあり、大学の准教授との共同研究という形で、相方の指導養護教諭とともに試行錯誤してきました。性教育委員会を立ち上げたり、保健室での個別指導や集団保健指導等の取り組みを続け、教材の開発や指導方法を模索してきました。その結果、問題行動に至る背景を理解することや、性の指導に対する教員の意識改革が必要だとわかりました。

そこで、性に関する指導を誰でも楽しく指導ができるようにと、『境界線音頭♪』を開発しました。人との距離のとり方を踊りと音楽、そしてコントで表現しています。知的障がいのある生徒にわかりやすく、そして実用的に人との距離をどのように指導していけばいいか悩んだ末、お笑い芸人のネタをヒントに開発しました。『境界線音頭♪』は、自分の予想以上に、生徒・教員・保護者に大ヒットしました。性に関する指導の実践報

告をする機会があるたびに披露しています。

そして、7年にわたり積み上げた経験やノウハウを、お伝えする機会をいただくようになりました。大阪府だけでなく他県の支援学校等の教育関係者や施設職員、保護者への講演会や相談会、生徒向けの保健指導を行っています。行く先々で学ぶことが多く、刺激をいただいています。

すべての疑問や課題を解決できるわけではありませんが、ご興味のある方はご連絡いただければと思います。

3つの肩書

現職の病弱支援学校は、2部4分教室の計6部署に分かれています。私の仕事は、①分教室の室長としての分教室運営、②養護教諭として3部署を担当、③学校運営に関わる首席、の3つの肩書があります。

私が室長をしている分教室は、精神科病院の敷地内にあり、入院していて心のケアを必要とする小学生、中学生が通っています。小学校や中学校に準じた教育活動を行い、様々な学校行事もあります。また、知的障がいのある児童生徒も在籍しており、幅広い教育活動が求められています。昨年度赴任したとき、分教室には保健室と名の付く部屋はありませんでした。そこで、とても小さくベッドのない保健室を作りました。そこでは、これまでの保健室運営と同じように内科・外科の処置や健康相談を行い、月に1回は保健指導を行い、その活動を病院にもお伝えし、養護教諭の仕事をアピールしました。

今年度、室長となり一番求められていたのは、病院と分教室の連携強化、医療と教育の連携です。私は、保健室経営で得たスキルを基軸とする分教室運営に挑戦しています。教員の個性を最大限に発揮できる体制づくり、病院に対しての情報発信、新しい企画の提案等を行っています。そして、首席として、学校全体の業務として、保健分野だけでなく、地域支援や研究研修、教務、進路等、これまで関わってこなかった分野に目を向け、学校運営の一翼を担えるように努力しているところです。

長年不登校だった児童生徒が、分教室に通い、学習発表会で活躍する姿。退院した児童生徒が、近況を報告しに来校し現実と向き合いながら強くたくましくなった姿。自分の立場に関係なく、教師として嬉しい限りです。そのために、自分の今の立場で最大限の力を発揮したいと思います。

保健室での個別指導の様子です。出来事やその時に感じた気持ち等を書き出して整理していきます。

小学部の終わりの会にて弾き語り演奏の様子。あちこち教室を回り、一日で8回歌うこともありました。

#14 星 雅博
（新潟県立新潟工業高等学校）

ほし・まさひろ／出身は大阪府泉大津市。人情あふれる泉州地域で育ちました。高校生の時、「健康」と「教育」の両方に携わる仕事がしたいと思い、養護教諭養成課程のある大学に進学。大学4回生の時、6都府県の教員採用試験を受験。面接で苦労しつつも、新潟県で2人目の男性養護教諭となりました。養護教諭2年目。

私の1日の仕事の流れです

08:30〜始業

「ロボット部全国大会制覇」、「ラグビー部14年連続全国大会出場」。本校は運動部・文化部ともに部活動が盛んで、新潟県内で最も規模の大きい工業高校です。エネルギッシュで人懐っこい生徒が多く、男子約860人・女子約70人です。

8：30の職員朝会を終えた後の保健室は、体調不良の生徒が来室します。頭痛・腹痛が多いですが、最近は寒くなってきてカゼっぽい生徒も多く来室しています。

11:49〜昼休み

昼休みは、フラッとしゃべりにくる生徒や、用事のある生徒などが来室します。

生徒との何気ない会話の中に、クラスの人間関係や、生徒自身の部活動への考え方、進路への考え方が見えてくることがあります。こうした情報は後々活きてくるので、できるだけキャッチするようにしています。

会話の流れから、「男性の保健室の先生は1000人に1人ぐらいの割合で、マイノリティな存在」という話を3〜4人の生徒と話したことがあります。いずれも、生徒の反応は「そうなんですね。ふ〜ん」といった様子です。そのたびに、生徒は「男性」養護教諭として私を見ているわけではないんだな〜と感じています。

生徒が検温しながら問診票を記入している様子。この日は台風が来ていて、片頭痛もちの生徒にとっては大変な一日でした。

雑談しながら、最近の体調面や気持ちの沈みかた、今後の出席や単位について話し合っています。午前中のしんどかった気持ちは、ここでリラックスさせていって。

🕐 13:00〜

　生徒が来室している合間をぬって、執務に取り組みます。いま進めている仕事は、「2年目研修で実施する授業の教材研究」、「修学旅行で配慮する生徒の健康情報の取りまとめ」、「修学旅行前の保健指導の指導内容づくり」などです。

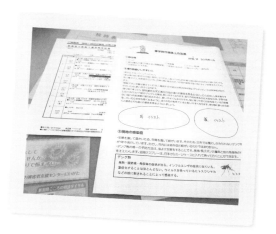

🕐 16:30〜

　「ピッチを意識しろ！」「(スタブロを)蹴った後の腕をもっと振るんや！」放課後は、陸上部の指導をしています。競技経験のあるスポーツなので、自分の経験を少しばかり活かして、練習メニューの立案や技術指導を行っています。

　部活動の顧問をしていて良いと思うことは、普段保健室には顔を出さないようなタイプの生徒と深く関わることができること、保健室に話をしに来た生徒に、部活顧問としてのアドバイスができることだと思います。

　部活顧問をしていて辛いのは、試合のシーズンと健康診断の時期が重なることです。公式試合は平日に入ることもありますので、調整が必要なこともあります。

陸上競技場にて、練習後のミーティングの様子。この日は、今後の練習は冬季練習にシフトしていくこと、今月は期末考査があるので練習日は少ないことなどを話しました。

message

　大学生の時、「男性なのに養護教諭？ 採用されないから進路変更したほうがいいよ」と言われ、「養護教諭を目指している」と言えばいぶかしげな顔をされ、いろいろ嫌な思いをしてきました（大学の同級生には温かく接してもらっていました）。大学の図書館で男性養護教諭の記事を探して、先輩方の記事を読んでは自分の心の支えにしていました。このような男性養護教諭の記事を連載していただいていること、大変ありがたく思います。

　記事をお読みになっておわかりになったと思いますが、私は男性だからといって何か特別なことをしているわけではありません。いち養護教諭として、日々の仕事をしています。性に関することであげれば、女子生徒から生理の出血量や出血日数について聞かれることもありますし、男子生徒から陰茎にできた水ぶくれやマスターベーションについて聞かれることもあります。生徒たちは、「男性養護教諭」ではなく、いち「養護教諭」として接してきます。周りに養護教諭を目指している男性の方がいましたら、どうか怪訝な顔をせず、ひとりの養護教諭を目指す方として温かく見守ってあげてください。よろしくお願いします。

#15 望月昇平
（北海道浜中町立茶内小学校）

もちづき・しょうへい／2015年、北海道教育委員会で正規採用。静岡県出身。大学に養護教諭養成課程はなかったが、自分が入学した年とその次の年だけ複数科目を履修すると、養護教諭の免許が取れた。最初は、免許を取るだけのつもりだったが、勉強していくうちにはまった養護教諭の仕事。子どもも先生も元気にできるような保健室をつくります。

「今度来る養護教諭の先生、男だってよ」

 北の大地で一歩を踏み出す

　大学を卒業して、縁もゆかりもないこの北海道で養護教諭として働き始めて、2年の月日が過ぎようとしています。北海道の人たちは、その土地柄もあって、とても心が広く、とても優しいです。

　勤務している学校は、全校児童99名の小さな学校です。子どもたちはとても元気がよく活発です。同僚にも恵まれ、男性養護教諭にとても理解がある先生ばかりで、いつもいろんな場面で助けてもらっています。

　そういう恵まれた環境の中でも、男性養護教諭のハンデを感じることはたくさんありました。例えば、高学年女子との付き合い方の難しさや、女子児童の保護者からの不安の声などです。今もそのハンデが消えたわけではありません。しかし、自分なりに克服のために頑張ってきたことがあります。その成果として経験できたエピソードを二つ紹介します。

 本当にあるべき姿とは

　保健室で事務仕事をしているときの話です。普段、保健室には、あまり来ない6年生の女の子が、保健室の前を行ったり来たりして、誰かを探しているような様子でした。私は子どもたちがいつ来てもよいように保健室の扉は開けています。女の子の様子が気になった私は、声を掛けてみました。
　「どうしたの？　何かあった？」
　すると、女の子は、不安そうな表情を浮かべ、こう返事をしました。
　「あの〜、生理用のナプキンをもらえますか」
　この6年生の女の子は、私が赴任した当時、担任の先生に男性養護教諭に対する不安な気持ちを相談していた女の子でした。私は、その子が正直に話をしてくれたことがうれしかったです。恐らく、保健室の前を行ったり来たりしていたのは、言うか言わないか考えていたのでしょう。それでも自分に言ってくれたことは、少なからず自分のことを信頼して言ってくれたのだと思います。しかし、反面、行ったり来たりしながら言うか言わないか考えて迷っていた事実は見逃せません。なぜかと言うと、男性である自分に、女性特有の悩みを打ち明けさせることが、本当に正しいのだろうかと迷うからです。今の私は、こう思います。
　「悩みを打ち明けることは、よいことだと思う。しかし、女の子に必要以上のストレスを与えてしまっているかもしれない」
　この経験を通して、子どもたちが相談しやすい校内体制を作っておく必要があると学びました。

え？ 望月先生もなんだけどな……

11月ごろの話です。私は5年生の保健授業のT2をやっていました。児童数の少ない本校では保健室来室者数がそう多くないこともあり、授業の手伝いにも比較的入りやすいです。授業を終えた私は職員室に戻りました。すると、教頭先生が次のように教えてくれました。

「ケガした子が保健室に来たから対応しておいたよ」

自分がいない間の出来事だったので少し心配になりました。そこで、私はそのときの状況を詳しく教頭先生に聞きました。保健室に来た子どもの様子を把握しようとしたのです。来室者は2年生の女子2名で、ケガは膝の擦り傷でした。大きなケガではなく、安心しました。軽症だったので私を呼ばずに対応してくれたということでした。そのときに、ケガした女の子がこう言ったそうです。

「教頭先生じゃなくて、望月先生がいい」

私は、その状況がよく掴めませんでした。そこで、もう少し詳しく教えてもらいました。付き添いの女の子も次のようにケガした女の子に聞いたそうです。

「教頭先生が男の人だから嫌なの？」

ケガした女の子は、うなずいたそうです。この話を教頭先生から聞いて、思いました。

「子どもたちにとって、大切なのは性別ではなく、養護教諭としての存在なんだな」

それは、子どもたちから見て、私が男性とか女性である前に養護教諭として認められているのかもしれないと感じた瞬間でした。2年生の女の子は、教頭先生の性別を意識しましたが、養護教諭である私の性別は意識しなかったのです。男性養護教諭としてのハンデを感じていた自分にとっては、とてもうれしい出来事でした。

 男性養護教諭としてのこれから

まだ、養護教諭としての人生を始めて2年しか経っていません。この2年はとても充実していました。特に、子どもたちから教えてもらったことが多かったです。子どもたちにとって大切なことは、養護教諭が男であるとか女であるとかではなく、信頼できる存在であるかどうかなのです。このような思いは、私の支えになっています。しかし、一方で信頼されていても、すべての悩みを解決できるとは限りません。だから、その悩みを解決できるように自らを成長させるとともに同僚と協力することが必要です。このような課題を一つ一つ乗り越えて、自分自身を成長させていきます。そして、日本一の養護教諭になります。

5年生の理科『人のたんじょう』で、子どもたちが私に質問に来たときの様子です。

T2でICTを使った保健学習の様子です。

#16 山本悠樹
（神奈川県・逗子開成中学校・高等学校）

やまもと・ゆうき／2016年度より新卒で逗子開成中学校・高等学校に勤務。2017年度より正式採用。大学では看護師免許も取得。10年以上続けているラグビー、最近始めたサバイバルゲーム、国内原付一人旅が大好き。ラーメンがないと生きていけない。保健だよりで自分の体重増減を連載する日本唯一の養護教諭。「今年の目標はダイエットです」と毎年宣言している。

スーパーヒーローへの道

2017年3月。一年目のドタバタもだいぶ落ち着いたとはいえ、まだまだ新参者な私に、話しかけてきた先生が。
「ヤマモト先生、ティーチャーズスピーチをやってくれない──」
我が校では、スピーチコンテストを中学一年生で行います。そのデモンストレーションとして話してほしいと、学年主任から依頼がありました。身体が大きくて迫力のある体育科の先生からのお願い。長いものには巻かれがちな私は、首を縦に振ることしかできませんでした。…ウソです。せっかくの機会だったので、喜んでお受けしました。ホントですよ。ホントですって。今回は、その時のスピーチをもとに、私の実践をひとつまみ加えたお話ができたらと思います。

 「最強のヒーローになりたい」

さて突然ですが、私には夢があります。私の夢は「最強の養護教諭」です。オトコはいつの時代も、少年漫画にあこがれ、最強を目指すものです。ただ、フザけて言っているのではなくて、私は大マジメです。こんな大げさなことを語るのは、私の養護教諭を目指したルーツにあります。

進路を決めなきゃと、ぼーっと考え事をしていた高3の春。父が教員をやっていた影響もあり、学校にかかわる職には就きたいなあと。さて、何の教員になるか。そんなとき、ふと思い出す経験がありました。

現在からさかのぼること10年くらい前。私は、自分の身体の劇的な変化に驚きました。『これは果たして、周りのみんなと同じなのか。私だけ、なんだか特殊なのではないか』

疑問と同時に不安が襲ってきました。でも、こんなことを聞ける人はいないしなあ、と結局抱え込んでしまいました。あの時、相談できる先生がいたら、私はこんなにひねくれた人間にならなかったかもしれない。…ひねくれ者は元々かもしれませんが、こんな出来事から、だれでも相談できるような先生になりたいと思ったのです。私が小さいころに憧れたウルトラマンのように、どんな人も手を差し伸べることができる、学校の「最強のヒーロー」になりたいと。

 「人と人をつなげること」

閑話休題、現在の私の仕事は、中高一貫の男子校の養護教諭です。養護教諭は複数配置で、女性の先生と協力して学校保健を担っています。ただ、いつも一緒に仕事をしているわけではありません。救

急対応をはじめとした各種業務も、もちろん行うのですが、私の主な業務は、どちらかというと教育相談活動です。相談室と名付けられた部屋を、私が経営しています。様々な理由で、学校に来ることができない、教室に入りづらい、そんな生徒たちの学校生活をお手伝いする場所です。この仕事は、私一人で行うことはできません。スクールカウンセラーや学校医、教育相談主事はもちろんのこと、学年主任や担任の先生、時には保護者とも連携して生徒を支えます。つまり「人と人をつなげること」が仕事なのです。

中学のとある生徒が、不登校になってしまいました。その生徒は、教室復帰をする前に、練習として相談室登校を始めていました。しかし、相談室には来られるものの、なかなか教室へは上がることができない。復帰するのは、もしかしたら難しいのかもしれない。恥ずかしながら、そんなことが頭をよぎっていました。

そんなある日、学年主任の先生が、相談室に顔を出してくれました。

「この消しゴムを君にあげよう。消しゴムに、鉛筆で願い事を書いてくれ。するとなぜか叶うんだよ。これは俺が信じているおまじないだ」

すると彼は消しゴムのスリーブを取り「教室にもどりたい」と。

それ以降、担任や学年主任以外にも、彼のために相談室に話に来ていただいたり、時には補習をしていただいたりできるよう、体制を強化しました。学年が変わった現在。彼はクラスのみんなと教室で頑張っています。時々私のところに休憩に来ながらも、笑顔で学校生活が送れるようになりました。

「最強の養護教諭」

私は考えます。強さとはなんだろう。ウルトラマンのように、立ちはだかる問題を直接ブッ倒していく。これも強さではあります。しかし、それには限界があります。今回の事例のように、様々な人の力を結集させ、人間関係を調節し、問題解決をめざす力。これも強さなのではないか。そんなことに気付けた一年目。現在、養護教諭として、まだまだヒヨっ子な二年目です。相方の先生に「最強の養護教諭を目指すんですよね」とからかわれながら、スーパーヒーローを目指す、ヤマモトの戦いは続きます。

安全安心な学校を作るための要、保健室。相方の先生が常駐し、いつも丁寧に対応してくださっています。私はあまり保健室にはいないのですが、緊急度が高いけがや疾患のときには連絡が入り、駆けつけられる仕組みになっています。また、痛めた部位がプライベートゾーンに近いときには、私が視診や触診するよう配慮もされています。終業後、愚痴をこぼしに私自身も保健室に行くので「ヤマモト先生まで私の事務作業の邪魔しないでください」と冗談交じりによく怒られています。いつもスミマセン。

こころの健康を応援する、相談室。何らかの理由で不登校になってしまった生徒たちの登校をお手伝いしています。別名「ステップ教室」です。ここで空き時間の先生方に補習をしてもらったり、トランプ等を使ってグループ活動を行うことで、学校で過ごす練習を行います。「相談室のメンバーは、家族みたいなものだから」と教育相談主任は話していました。これからも、相談室ファミリーの兄または父として、彼らと一緒に生活をし、支えていけたらなと思います。

学ぶことがまだまだたくさんある二年目。生徒たちと一緒に悩み苦しむことで、私自身も成長していると感じています。最強の養護教諭を目指して、これからも前へ進み続けていきます！

#17
吉田聡
（埼玉県立松山高等学校）

よしだ・さとし／杏林大学を卒業後、夜の保健室に勤務すること8年間。昨年より、陽の当たる保健室に勤務となりました。仕事だけでなく遊びにも一生懸命で、趣味はタップダンスや一人旅。最近、イケメン改めイクメンとなりました。ちなみに、嫁が私を友達に紹介するときは「普通じゃない、変わった旦那さん」とのこと。

THE 普通の先生

男性養護教諭はどんな人？ どんな資質をもっているの？ どんな苦手があるの？ なんて興味をもっている先生、ありがとうございます。男性の養護教諭の素晴らしい部分は、この連載の今までの回で描かれていると思いますし、まだ足りないと思われる方のために、これからの回でも掲載されます。なので今回は一休み。普通の養護教諭の私がお伝えします。

 陽の当たる仕事になり

「教員にとって最大の研修は異動」なんて言われますが、昨年度、5年間勤めていた定時制高校から全日制高校に異動し、私の「研修」も始まりました。まず、生徒数が約200名から1000名に増え、それまで自然に顔と名前が一致していたのが、なかなか生徒を覚えられません。体調不良による生徒の来室では、以前であれば、『本当に体調が悪いのか？ まだ大丈夫じゃないか？』と、半分信用、半分疑いをもって生徒と接していました（生徒たちよ、こんな先生でごめん）。そのため、異動後もどうしても生徒を信用できず、今考えれば『何やっているんだか…』と思うのですが、染みついた考えはなかなか離れませんでした。

他にもわからないこと、できないことが見つかり、多少、天狗になっていた鼻を見事にへし折られました。

ただ、複数配置っていいですね。相方の先生から学び、支えていただいたおかげで、最大の「研修」も無事に終えることができ、養護教諭として「やりたいこと」も見えてきました。

 **小さなことから
コツコツと**

まず、取り組んだことは前任校の頃から実践していたむし歯についての指導です。定時制高校ではむし歯のある人数も多いですが、それよりも一人あたりのむし歯の保有率が高いことが気になりました。

さて、どう指導したものかなと考えていると、先生方から「どんどん指導してあげて」と言う声をいただきました。

『案ずるより産むがやすし！』と、いざ実践。…そして、失敗。

先生方に相談すると「個別に話をしたほうがいいよ」と、助言を受けました。大切なことは本人の状況や理解に合わせて話をすることなんですね。結果、作成した資料はお粗末でも、病院受診の必要性をわかってもらえました。

ただ、これで話は終わらず、問題も出てきました。「治療費」です。これには困りました。早速SSWに相談し、無料・低額で治療が受けられる可能性がある病院を紹介していただきました。結果的には、そこには繋がりませんでしたが、3年生だったので、就職したらなるべく早く行くように伝え、終わりました。

中学校の先生。もう、十二

分にやっていただいていると思いますが、それでも漏れてしまっている生徒がいます。是非、十二分に、自治体によっては中学校までなら無料で治療できることを伝えていただければ幸いです。無料か有料かで保護者の協力が変わります。

話は戻り、現任校でも未治療の生徒がいることがわかり、今回は集団指導を行いました。生徒たちに話の内容は理解してもらえるのですが、簡単には受診まで結びつきません。結局、大変だけど個別に話を続けていくしかないと思い、現在進行形で口うるさく呼び出しています。

もう一つ取り組みたいことは、性教育です。前任校では学校行事の中で、昼・夜間部の全生徒に向けて、外部講師による性に関する講演を行っていました。ただ、聞いてほしい生徒に限って話を聞いていないんですよね。こんな状況を数年繰り返し、やっぱり生徒の状況をわかっている我々が話をしようと、昼間部の養護教諭に相談すると、「やりましょう」と言う、心強い言葉をいただきました。

ですが、やると決めたものの、お互い初めての経験なので何をどう話せばいいかわからず、2人で悩みに悩み、資料ができた頃には大好きな夏休みは終わってしまいました…。そして、2度と講話をやるのは止めようと心の中で誓いました。

当日、2人で体育館を駆け回り、汗だくになりながらなんとか講話は終了し、その後、廊下を歩いていると、ほとんど話をしたことがない生徒から、こんなことを言われました。

「あんな話をするなら2度と聞かないから…。じゃなくてああいう講演会じゃなかったら2度と聞かないから！」

教師冥利に尽きると同時に、その瞬間、翌年も講話を行うことが決まりました。

しかし、問題が。一緒に話をした先生の異動が決まってしまったのです。協力していただけるか不安ながらも、新年度早々、新しくいらした養護の先生に説明をし、無事続けて行うことができました。終了後、その生徒に会い、「お前がああいうふうに言ったから、今年も話をしたぞ」と伝えると、「そんなこと言ったっけ？」と、しっかりオチをつけてくれました。

異動した今、何をしているのかといえば、残念ながら現任校ではまだ何も始められていません。しかし、職員・生徒の理解と協力が得られるよう、じっくり進めていきたいと思います。

 当たり前のことを当たり前に

最近、原点回帰をしています。養護教諭を目指したとき、目の前にいる生徒に対し「こいつらをなんとかしてやりたい」と燃えていましたが、いつの間にか、「周りの人に認められたい」と変わってしまいました。改めて初心に戻り、今の私の目標は、「当たり前のことを当たり前にやる」養護教諭です。目の前の生徒をなんとかするには、まず、当たり前の仕事をさっと終わらせないとですよね。でも、これは意外と大変。私の力量では仕事はなかなか進まず、手に負えないこともちらほら。相方の先生に助けてもらいつつ、なんとかこなしているのが現状です。

さて、いつか目の前にいるこいつらをなんとかできるよう、今日もマイペースで頑張りますか。

前任校で実施した性についての講話の様子。人間関係づくりの極意や性的マイノリティなど、生徒たちに身近な話題から知っておいてもらいたいことについて伝えました。

かわまた・としのり／2017年4月より鈴鹿大学副学長・こども教育学部長。鈴鹿短期大学に2005年着任以来、社会学・教職概論・データ分析法などを担当。今年新設の鈴鹿大学こども教育学部で養護教諭や幼稚園教諭を養成。男性養護教諭の元・現役・志望者40名以上にインタビュー。放課後児童支援員やSOGI（ソジ、性指向・性自認）、地域社会や宗教の研究も行う。『男性養護教諭がいる学校』『世の中が見えてくる統計学』『人口減少社会と寺院』他、著書多数。

『男性養護教諭がいる学校』刊行の背景と刊行後1年の状況

　30年前の大学では、社会的・文化的性差「ジェンダー」概念を用いた研究から、教育・労働・家庭・メディアなど多方面で、性別役割の固定化や男性優位社会の実態などが指摘され始めていました。私たち（50歳代）より上の世代は「男女共同参画」を受け入れられなかったかもしれません。しかし、1986年施行の男女雇用機会均等法を背景に社会人として働き出した女性の先輩・同輩の姿を見ていた私たち世代は、男性も家事育児をし、育児休暇取得は少なくても重要性は充分理解できています。

　大学院で宗教社会学の調査を行い、宗教界で熱心な活動をする女性の地位がきわめて低い事実を「問題だと思わない人がいる」と知り、1999年施行の男女共同参画社会基本法などの法律だけで社会は変わらないと実感しました。授業で人権問題をテーマに話すときは、必ず「他人ごと意識では差別がなくならない」ことを語っています。自らを安全地帯に置く私たちは、自分は「差別しない」と思い込んでいるのです。

　2005年、共学の鈴鹿短期大学に着任し、養護教諭免許を取得しても採用試験不合格で、臨時採用の話が皆無の男子学生たちに出会いました。当時、全国では28名の男性養護教諭がすでに活躍中でした（助教諭を含む。高校9名、中学7名など）。女性には声がかかっても、男性に臨時採用がないというのは明らかに「逆」性差別ですが、当時の採用担当者にとっては「他人ごと」ですから、自らの差別に気づいていません。男性養護教諭に「女子の第二次性徴」を危惧するなら、女性養護教諭にも同様に男子の第二次性徴を危惧すべきですが、当時のジェンダー意識はそれに至っていませんでした。

「男性養護教諭」がいる学校

　看護師・保育士・介護職などの「女性職（ピンクカラー）」では、徐々に男性の勤務が広がってきました。しかし、雇用拡大自体が求められるこれら職種と養護教諭は状況が異なります。少しでも学生に助言したく、全国各地で活躍する方を探しました。幸い、連絡がとれた方のほとんどに会ってお話を聞けました。他分野で「調査拒否」を経験してきた私に、男性養護教諭の厚意は有難かったです。元職の横堀良男先生や佐川秀雄先生（拙著収録）には、1980、90年代の貴重なご経験

──#18は現職の男性養護教諭ではなく、三重県の鈴鹿大学で養護教諭の養成に携わる、川又俊則先生のコラムです。川又先生は本書籍の編著者である「男性養護教諭友の会」の発足から関わり、多くの男性養護教諭にとって信頼の厚い兄貴分的な存在です。現職とは少し違う視点から、男性養護教諭について論じていただきました。

を伺いました。篠田大輔会長他本連載で紹介された「男性養護教諭友の会」メンバーには、2000年代以降の着任後の現実や採用試験の具体的な取り組みを伺いました。そして、多くの方々にご協力いただき、市川恭平先生（本連載#02執筆）と共同執筆の単行本を2016年に無事に刊行しました（『男性養護教諭がいる学校』）。その後も、新採用などの男性養護教諭の方々へインタビューしています。同年度の本務者は65名ですから、12年間で2.3倍増となりました。約4万人の養護教諭で三桁に満たない超少数と見るのではなく、着実な増加と考えたいです。

　拙著に書けなかったことを記します。毎年の資格認定研修事業に携わり、放課後児童支援員の知り合いが増えました。女性も男性もいますが、男性支援員は男性養護教諭に似ています。発想が柔軟で遊び大好き。児童生徒への対応が物腰柔らかで、厳しいところは厳しい。別の職種ですが、サッカーや野球などのスポーツや音楽が好きな人も多く、よく似た雰囲気なのです。両者に知り合いが多い私だけの発見でしょう（今回お話ししてしまいましたが）。

　一昨年からは性の多様性（SOGI）をテーマにした調査も始めました。レズビアン・ゲイ・バイセクシュアルという性指向の少数者や身体と心の性が不一致のトランスジェンダーが現実にはいます。しかし、科目「保健」の扱いは次期学習指導要領でも異性愛前提の記載が続きます。教育現場では、これに悩む児童生徒が相当数おり、そのようなこどもたちをALLY（支援者）として支える保健室の先生は重要です。私の理想は両性の養護教諭がいる保健室ですが、それは性的マイノリティと位置づけられる子にも良い環境ではないでしょうか。私自身は、教員養成校の一員として自らの授業で学生にこの事実を伝え、先駆的実践を紹介した論文も発表しました。今後、このテーマは教育界全体で考えていくべきだと思います。保健室の先生方、とくに、性別役割期待などの葛藤もあった男性養護教諭は、この課題に適切な対応ができると思っています。

男性養護教諭？
女性養護教諭？

　教育界全体でも、まだまだ様々な差別意識があるでしょう。男性養護教諭に出会った人びとは、そのバイタリティ溢れる姿に、それまでのイメージを変えています。出会っていない読者の皆様には、本連載を通じ、想像力を駆使し、出会ったつもりになって頂きたいです。私の勤務校では「学生ファースト」を謳っていますが、保健室の先生は「児童生徒ファースト」に決まっています。本連載で男性養護教諭の方々が口々に述べているように、こどもたちにとって必要なのは、性別の違いではなく「良いセンセイ」であることです。それは自動的になれるものではなく、日々の努力や経験、他との連携の積み重ねで「なっていく」ものでしょう。

　ボーヴォワールの有名な「人は女に生まれるのではない、女になるのだ」を援用するならば、私の結論は「養護教諭は男性養護教諭・女性養護教諭になるのではない、『良い養護教諭』になるのだ」です。本連載で紹介された先生方（や志が高い他の先生）の、今後の活躍に期待しています。私自身は「良いセンセイ」を目指す教え子に、伝えるべきことをしっかり伝え、学校現場に送り出すことが務めだと思っています。

4月新設の鈴鹿大学こども教育学部は、幼児教育学専攻と養護教育学専攻の2専攻。模擬保健室や最新看護系機器も導入しました。

右は採用試験を受験した田野エリヤ君（専攻科2年）、左は野球部員の福田涼介君（こども教育学部1年）。三重で男性養護教諭を目指します。

複数配置の相方から見た男性養護教諭

#拡散希望！

兵庫県・公立小学校　養護教諭
澁谷瑞江

　私が男性養護教諭と一緒に仕事をしたのは、3年間という短い期間でしたが、今も昔も変わらず、彼は私の良き「相棒」です。

　「相棒」という言葉には、「一緒に仕事をする相手、仲間、パートナー」という意味と、もう一つ「かごなどを一緒にかつぐ相手」という意味もあるそうです。文字通り、私と彼は学校保健の様々な課題「かご」を二人で一生懸命かつぎました。かつぐ棒が短い時もあれば、とても長くて相棒が見えなくなりそうな時もあったり、お互いが逆の方向を向いてしまっていたり、時には先導が入れ替わったりしながらの試行錯誤の毎日でしたが、かごを一緒にかつぐ相棒に性別は関係ありませんでした。必要なのは、いかにその職務を全うするためのコミュニケーション「息」を合わせられるかどうかというところだったと思います。ですから、私にとって相棒が男性であるということに、何の困難もありませんでした。

　実際に働いた中で一番心に残ることに、子ども達や職員に対する「異性」という存在に対しての彼の配慮がありました。それまでの私は「養護教諭は母性性を持つ存在なので、子ども達のからだに触れたり見たりしても良い人」と、勝手な思い込みをしていたのですが、彼の姿を見て、子ども達に対して、今までの自分は配慮、遠慮のない養護教諭であったなと反省したことを思い出します。他にも、異性から見た子ども達や職務のとらえ方の違いや、「養護教諭とは？」という自分の職業のあるべき姿をじっくりと省みる良い機会を得ることができました。

　それから10年。私達「養護教諭」という職業そのものの未来を考えるとき、役割は時代や世間が変わろうとも変化するものではなく、児童生徒を養い、守り育てていくことだと思っています。

　私達を取り巻く社会環境はどんどん変化しており、そこで暮らす私達もどのように生活し、生きるのかを選択できる社会となってきました。そしてまた、男性か女性かという二つの性にとらわれず、「自分」として生きる道を選ぶこともできるようになってきました。

　社会が多様な「性」や生き方を受け入れていくにともない、保健室も同様に多種多様な支援を求められてきています。そのような変化の中で、いつまでも保健室＝女性養護教諭という図式では、支援の幅も広がるはずがありません。これからの未来に向かって私達が大切にしなければならないことは、性別の差異にとらわれることなく、養護教諭本来の職務の発揮を目指し、同じ目標に向かってお互いに「息」を合わせ、両性の特性を生かした保健室経営を行うことなのではないか、と私は強く思います。

　今後は、もっともっと男性養護教諭の必要性が社会に広がっていくことを期待しています。どうぞSNS等のアカウントをお持ちの先生方はご一緒に！
#男性養護教諭の拡散希望！

複数配置の相方から見た男性養護教諭

渡辺 今日は、男性養護教諭の市川先生と一緒に複数配置を経験された先生方に集まっていただきました。どうぞ、よろしくお願いします。大矢先生は、市川先生が名古屋市に初めて男性養護教諭として採用されて一緒にお仕事されたんですよね。相手が男性って聞いてどう思いました？

大矢 私が採用されて4年目の時で、始めは何とも思わなかったですね。でも、周りの人たちが男性養護教諭という存在に興味津々で、すごく注目されて…。市川先生は名古屋市第1号の男性養護教諭だから、何かあってはいけないというプレッシャーを強く感じていましたね。市川先生より、周りの人に配慮するイメージだったと思います。

渡辺 髙木先生の時はどうでした？

髙木 私は市川先生と組む前も特別支援学校で複数配置でしたから、次は、男かいって！ 感じでした。一緒に仕事すると決まった時は、どんな人だろうって、私も興味津々でした。今思えば、貴重な経験でしたね。

渡辺 よく熱い意見交換？ があったと聞きますが…。

大矢 はい。そのころは。今は、ずいぶん丸くなったよね（笑）。

髙木 私もです。あの人とは一生わかり合えません！ とか職員室で言い放ち、周りを心配させたこともありました（笑）。思ったことを何でもハキハキ言うでしょ。こちらが負けちゃう感じがするんですよ。

渡辺 ところで、大矢先生、最初、仕事の分担はどうやって決めました？

大矢 内科検診では、市川先生のほうから僕が廊下で連絡や誘導をするから、先生は保健室の中で記録をお願いしますって言ってくれて、すんなりと分担ができていたよう気がします。男性だからってあまり意識したことないです。

渡辺 今もそんな流れですね。保護者からの反応はどうでした？

大矢 今度の先生は、男の先生ですって伝えたら、あっそうですかって。

髙木 私が大矢先生の後に赴任した時には、すでに保護者に普通に受け入れられている感じでした。中には、女子生徒のお母さんが先回りして、心配されたこともありました。男子の性の話はお母さんには歓迎されていましたよ。特別支援学校の高等部の男子生徒の中には、スキンシップを求めてくる子もいるので、複数配置なら男性と組むとメリットがたくさんあると感じました。

大矢 もう1回、一緒に組んで仕事したいかも…。

髙木：時間が経つと、良さがわかる感じですかね（笑）。

渡辺 なるほど…周りでは男性で養護教諭って大丈夫？ なんて声が聞こえてきますが、私も含めこうやって実際に一緒に仕事をした皆さんとお話ししていると、工夫して進めていく中で、自然に受け入れられている感じですね。それより、市川先生の人柄の話で盛り上がっていたみたい。今日は、ありがとうございました。

男性養護教諭と一緒に働いて

愛知県・公立特別支援学校　養護教諭　　公立中学校　養護教諭　　公立小学校　養護教諭
渡辺加奈　　　　　　　　　**髙木洋子**　　　　　　　　**大矢麻理紗**

男性養護教諭のパイオニアとしての立場から

誠心誠意子どもたちに接することで、信頼を得ていく

元男性養護教諭
横堀良男

　男性養護教諭として3校目に赴任した学校は、「山村留学」制度を推進している小中併置校でした。文字通り山の上にある田舎の学校で、小学1年生から中学3年生までの児童生徒と保護者が全国から集まっていました。地元生はおらず、その年は21名の事情を抱えた子どもたちが入学してきました。

　着任式を終えた後、私は町長（前教育長）に呼び出されました。そこで、保護者から「保健室の先生が男性では困る」と訴えられたことを聞きました。近年、メディアでも男性養護教諭が取り上げられるようになりましたが、当時はまだほとんど存在を知られていません。不安に感じる保護者がいても仕方がなかったのかもしれません。けれど、そこで町長は私に「養護教諭が男性でも、私はなにも問題ないと思っているから」と言ってくださったのです。前任校でも、男性でも養護教諭はできることを認めてもらうために、様々な取り組みや配慮をしてきました。ここでも、私は児童生徒だけでなく、保護者からも信頼を得ることを意識した取り組みを続けました。

【児童生徒に対して】
・児童生徒のあらゆる面で良いところを見つけ、長所を書き出し、それを当人たちに伝えるよう心がけました。
・保健室にいる子どもに、時々「何か保健のことを先生に質問してみて」と、質問を促し、それに答えるという形で健康相談も実施していました。主には自分の心身に関する質問でしたが、低学年の女子がある日、「お母さんが、頭が痛いって言ってるけど、治るの？」と質問してきました。看護師の経験もある私は、保護者ともコミュニケーションを取るチャンスと考え、その子に、「お母さんの症状を知りたいので、お家に連絡してもよいか聞いてもらえますか？」と答えました。

【保護者に対して】
・PTA行事・会合には（年15回程度）必ず出席し、何気なく保護者と一緒の役割分担になるように計らってもらいました。
・小学校も不登校で、中学校入学式翌日から登校しない女子生徒には、担任や管理職と綿密な打ち合わせをした上で、私も家庭訪問を行い、母親との面談を続けました。結局、その生徒は残念ながら保健室登校を含め、数日しか登校できませんでしたが、支援の過程では、時々母親にも来校いただくなど、信頼関係を築くことはできたと思います。

　その年、着任式で町長に「保健室の先生が男性では困る」と不安を口にした保護者に、わだかまりが消えたかを確認することはしませんでしたが、日頃から「誠心誠意、子どもたちに接する」ことで、いつか必ず保護者も理解してくれるという手応えを感じることはできました。

　そして、1年後。当初、男性の養護教諭を不安視していた件の保護者が、子どもの卒業式のとき、町長に言ってくれたそうです。

　「男性の先生でも、心配いりませんでした」

　心からほっとすると同時に、私の日々の活動を通して、男性でも養護教諭はできるということを認めてもらえた気がして、とても嬉しい気持ちになりました。

chapter_03

男性養護教諭の教育実践

男性養護教諭の教育実践

"体温"以外も調べてみませんか？

東京都小笠原村立小笠原小学校・養護教諭
阿部大樹

はじめに

　私は、頭痛や腹痛、体調不良などのケガ以外の訴えのある児童・生徒の見立ての方法として、バイタルサイン測定※を必ず行っています。これは重症だと思ったケースだけではなく、軽症だろうと思ったケースや、メンタルの問題のようなケースも含め、全てのケースで行っています。ここではバイタルサイン測定の実践の流れとそのデータからみえてきたことについて紹介します。日々の児童・生徒の見立ての参考になれば幸いです。

※バイタルサインとは"生命の兆候"という意味で、バイタルサイン測定とは体温、心拍数、SpO2、呼吸数、血圧などを測定することを指しています。

実践の経緯

　養護教諭になってすぐに、てんかん発作の重い児童に対応する機会がありました。何分経っても発作が止まらず、救急搬送になった児童がいました。今でも怖かったのを覚えています。私自身、看護師の経験はありましたが、小児科や救急科で働いたことはなく、対応に自信がありませんでした。さらに、学校側が必死に対応していても、ニュースなどで指摘され、私と同じように苦しい思いをしている養護教諭がたくさんいるのではないかと感じました。そのことから、養護教諭が実践できるものは何かについて考え始めました。

取り組みの紹介

　以下は実際の事例を一部修正したものです。例えば、天気のよい午後に勤務している保健室に、児童が来室しました。児童は、顔色が悪く、体調不良を訴えています。養護教諭は、ここで体温計を取り出し「体温を測ってみましょう」と本人に体温計を渡し（児童は自分で右の脇に入れる）、さらにパルスオキシメーターを左手の人差し指に装着します（どの指でも可）。そして、問診を続けながら、養護教諭は左手に付けている腕時計の秒針と児童の胸の動きをみて、15秒間の呼吸数をカウントします。呼吸数は4倍にして1分間当たりの数を調べます。

　ここまで約30秒です。心拍数は高く、呼吸数が非常に多いこと、SpO2は90台前半と数値が低下していることの3つの異常値を把握し、管理職に報告した上でまず救急車を要請しました。救急隊にはその数値をそのまま伝えます。児童はベッドで横にして見守り、さらに経過を記録しつつ、救急車の到着を待ちました。なお、保護者への連絡は管理職にお願い

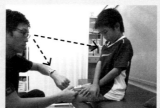

子どもが来室。まずは「ケガ」か「体調不良」かを確認。

問診を続けながら、左手の腕時計の秒針（15秒）と子どもの胸の動きを見て呼吸数をカウント。ここまでを30秒で実施。

体調不良の場合、子どもに体温計を渡し体温を測定。養護教諭はパルスオキシメーターをどれかの指に装着。

測定したバイタルデータを記録。救急搬送のときには、その数値を救急隊に伝える。

しました。

　医療機関を受診した結果、"心臓の病気"だったことが判明し、適切な処置を受けて入院、数か月後に退院となりました。もちろん学校生活管理指導表の作成もお願いし、後日職員会議で全体に周知しました。

　体温を測定することは多いと思いますが、心拍数やSpO2を測定することまではなかなかハードルが高いと感じていらっしゃる先生がいるかもしれません。私自身も、実務の中で児童・生徒の見立てについては困難を感じていました。大人と子どもの見立ての仕方は違いますし、子どもは自分の状態をうまく伝えることが難しく、養護教諭側も把握しづらい部分もあるかと思います。

　そこで、私は児童・生徒の見立てを一から学ぼうと、養護教諭も参加できる医療者向けの研修会や学会に参加しました。その中で、共通してみえてきたことは"バイタルサインを丁寧にみていくこと"でした。バイタルサインを丁寧にみることで、児童・生徒の訴え以外のデータを客観的に把握でき、異常値は何かなど、児童・生徒の状態がわかるようになりました。バイタルサインは"心の声"だと教えてくれた小児科医もいました。

パルスオキシメーターの活用

　具体的には、体温計の他にパルスオキシメーターという機材を使います。パルスオキシメーターとは心拍数とSpO2（血中酸素飽和度）がすぐにわかるもので、多くの医療機関でも使われています。安いものですと5000円くらいで売っています。自治体によっては、学校に無償で提供しているところもあるようです。パルスオキシメーターが購入できない場合、SpO2は測定できませんが、脈拍数であれば手首を触って測ることが可能です。

　また、血圧測定は、嫌がる児童・生徒がいたり、嫌がるために心拍数や呼吸数が測れなくなることを避けるために必要に応じて測定していることが多いようです。しかし、アナフィラキシーや貧血症状などでは血圧が低下するので有効な見立ての一つとも言えます。

以上のことから、ここでお伝えしたいことは、「普段の体温測定の他にもバイタルサイン測定の項目を追加しませんか。それにはパルスオキシメーターがおすすめです」ということです。

複数配置時代の同僚の感想

○複雑な事象が絡み合う学校現場で、医療機関へ搬送するかしないか迷うことが多々ありました。そういうときにバイタルサインを測り、そこから数値を根拠に判断することで、自分の判断への迷いが少なくなりました。また、医療機関受診の必要性を担任、管理職、そして保護者に説明する上で、根拠があるほうが断然相手の承諾を得やすかったように感じます。一番怖いのは、根拠なく自分が「大丈夫」と思って子どもにマイナスに生じてしまうことです。家庭でもできるようなバイタルサインの測定で、少しでも子どもたちの状態を知れるのであれば、「やる」一択だなと思います。

○中学校勤務の頃、運動や合唱のときに具合が悪いと頻繁に保健室に来ていた生徒がいました。体温、顔色、話し方は普段通り。しかしその生徒は1か月後に"気胸"が見つかりました。1年間バイタルサインの見方を鍛えた今なら、SpO_2の値を見たり、呼吸数を見ていたケースです。早期に医療に繋げ、苦しい期間を短くできた可能性があります。校種に関わらず、養護教諭がバイタルサインを基にアセスメントできれば、子どもの体調不良を早期発見できると毎日実感しております。

また、**資料1**は過去2年間分のデータを小児科医の力を借りてまとめたものです。データ量は少ないですが、ここからもバイタルサインの測定の有用性がみえてきました。

【背景】医療の現場で、心拍数、SpO_2、血圧、呼吸数などのバイタルサイン測定は必須である。しかし、学校の保健室の場では体温以外測定されることは少ない。本研究の目的は保健室におけるバイタルサイン測定値による転帰の予測への有用性を明らかにすることである。

【方法】前任校の特別支援学校において、平成26、27年度に体調不良のために保健室を訪れた児童・生徒のバイタルサイン（心拍数、SpO_2、血圧、呼吸数、体温）を前向きに測定した。医療機関受診に関連する因子をJTAS2012、PALS2010を用いて異常値を定義し、統計学的に解析した。

【結果】のべ1574名が保健室でバイタルサインを測定した。そのうち児童・生徒の情報、バイタルサインの測定データに不備がある596例、外傷を主訴とする24名を除外し、心拍数、

図1　主訴
主訴は発熱が16.7%で最多であった。

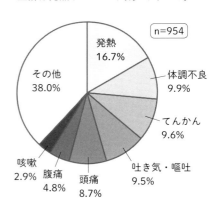

資料1　バイタルサイン測定データ

表1　医療機関受診有無とバイタルサイン測定値の異常

結果	Total (n=954)	医療機関受診あり (n=8)	医療機関受診なし (n=946)	P値
性別（男児）	562 (58.9%)	4 (50.0%)	558 (59.0%)	0.676
年齢（歳）、中央値（4分位範囲）	15.0 (12.0–16.0)	15.5 (12.0–16.3)	15.0 (12.0–16.0)	0.416
心拍数異常有無	309 (32.4%)	8 (100.0%)	301 (31.8%)	<0.001
呼吸数異常有無	147 (15.4%)	5 (62.5%)	142 (15.0%)	0.003
SpO_2 異常有無	7 (0.7%)	1 (12.5%)	6 (0.6%)	0.057
上記いずれかの異常	367 (38.5%)	8 (100.0%)	359 (37.9%)	<0.001
血圧異常 (n=443)	14 (3.2%)	1 (12.5%)	13 (3.0%)	0.228

異常値は Japan Triage and Acuity Scale (JTAS) 2012 で規定
血圧の異常は Pediatric Advanced Life Support (PALS) 2010 で規定

呼吸数、SpO_2 の測定データがある 954 名を検討した（年齢中央値 15 歳、男児 62.5%）（表1）。主訴は発熱が 16.7% で最多であった（図1）。367 名（38.5%）が心拍数、呼吸数、SpO_2 のいずれかのバイタルサインの異常値を認めた。医療機関を受診した全例でバイタルサインの異常値を認めた（p = 0.014）。医療機関受診は心拍数の異常、呼吸数の異常と関連していたが、SpO_2 異常、血圧異常、体温異常（発熱）には有意差がなかった（表1）。バイタルサイン測定結果の異常値の項目数が多いほど、医療機関を受診した割合は有意に多く（p < 0.001）、それぞれ 1 項目が 0.6%、2 項目が 4.3%、3 項目が 100% であった（図2）。呼吸と心拍に限ると図3 の通りであった。バイタルサイン異常の有無やバイタルサイン異常の数を説明変数、医療機関受診を目的変数として AUC（area under the curve）を指標として転帰予測の効率を比較した。AUC はそれぞれ、心拍数異常 0.841（95% 信頼区間 0.775 – 0.907）、呼吸数異常 0.737（0.538 – 0.937）、SpO_2 異常 0.559（0.340 – 0.778）であった（表2）。

【考察】転帰を予測する因子として心拍数の異常の有無が最も

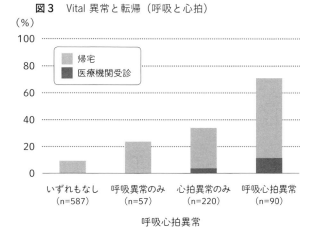

図2　Vital 異常数（心拍、呼吸、SpO_2）と転帰

図3　Vital 異常と転帰（呼吸と心拍）

表2　バイタルサイン異常の有無による医療機関受診有無の予測効率の比較

結果	心拍数異常	呼吸数異常	SpO₂異常	血圧異常（参考）(n=443)
ROC曲線下面積（AUC）	0.841	0.737	0.559	0.548
95%信頼区間	0.775–0.907	0.538–0.937	0.340–0.778	0.331–0.764
p値	0.001	0.021	0.563	0.645
感度、%	100.0	62.5	50.0	12.5
特異度、%	68.2	85.0	87.5	97.0

略語：AUC, area under the curve; ROC, Receiver Operating Characteristic curve

有用で、次に呼吸数の異常の有無が有用な指標であった。図3の通り、転帰の予測には心拍数と呼吸数の2つの測定が実践的である。ただし、この結果の解釈には注意が必要である。重症度が低い児童・生徒の対象が多い関係上、SpO₂は統計学的な有意差はかろうじて出ていないが（p = 0.057）、呼吸器疾患、循環器疾患等のスクリーニングで重要であり、重症度が高い対象にはより重要になることが予想される。呼吸器、循環器症状を来す例には測定すべきであろう。血圧は多くは心拍数の異常を伴うと考えられる。全例には必要ないかもしれないが、何らかのバイタルサイン異常値を示す症例には血圧測定を考慮すべきである。また、この検討では医療機関受診者の数が限られているため、今後さらなる検討が必要である。

【成果】バイタルサイン測定、特に心拍数と呼吸数の測定が転帰の予測へ有用である可能性が示された。心拍数測定にはSpO₂モニターが有用であり、SpO₂モニターで心拍数とSpO₂を同時に測定しつつ、同じ時間に呼吸数を測定すれば、重要なバイタル測定値（心拍数、呼吸数、SpO₂）を素早く評価でき、簡便かつ有用であると考えられる。

おわりに

過去全てのデータをみると、体温よりも心拍数の異常値がその後の悪化に影響している結果が出ていましたし、異常項目が多ければ多いほど、早退や医療機関に繋がっていることもわかってきました。しかし、この方法が正しいのか、もっと簡単にできる方法はないかと日々模索しているのが現状でもあります。今行っている実践が、学校に通う児童・生徒にとって安心安全な環境になっていくこと、養護教諭の医療面にかかる負担感を少しでも減らせればと感じています。

あべ・だいき

看護師歴7年、特別支援学校での養護教諭歴5年、本校（単数配置）は2年目になります。昨年の12月に5人目の子どもが生まれ、仕事に育児に奮闘する毎日ですがとても充実しています。小笠原では運動会やマラソン大会等を小中高合同で行っており、その救護も小中高の養護教諭がチームとなって行っています。写真はお揃いのチームシャツで一番左が自分です。

初出：『健康教室』2019年5月号（所属は初出当時）

【男性養護教諭の教育実践】

先生が聞いてくれるから私はもう大丈夫

気持ちの言語化を促し援助希求能力を高める取り組み

名古屋市立天白養護学校・養護教諭
市川恭平

どうにかしないと…

　リストカットをして来室し、何も語らない生徒。感情が整理できず、体が震え卒倒する生徒。過去に暴力を繰り返し「人生どうでもいい」と悪態をつく生徒。他者を頼ることが苦手な彼らのこれらの行動は、「助けて」という心の叫びではないか。着任した当初、本校にあふれる高等部生徒の声なき声に、私の心はざわつきました。自己肯定感が低く、思いを伝えることが苦手であるがゆえに、体調不良などの様々な身体症状に現れたり（身体化）、自傷行為や乱暴な言動など行動によって気持ちを爆発させたり（行動化）しているように見える子どもたち。このように、周囲に心配されていても相談意欲のない子どもたちに、養護教諭として私にも何かできることがあるはずだ。他の教職員と手を携えて、子どもたちの声なき声へと踏み込んでいく決意を固めました。

取り組みの概要

　手立ては大きく二つ。

①「思いの言語化を促す」取り組みを続けることで身体化や行動化を減らす。
　堅く閉ざされた子どもの心に、まずは一方通行を覚悟して、肯定的なストロークを投げ掛け、手紙など物を媒介にして双方向のコミュニケーションを生み出す。さらに、週に一度の定期相談を行う中で「助けて」が言えない心の弱さや、対処方法について一緒に考える活動を行う。

②行動化が起こった場合に、起こる前の状況や、気持ちの動きに焦点をあてて寄り添いながら振り返るという関わりを積み重ねる。それによって、**援助希求能力を高める。**
　誰にでも失敗はあり、失敗には理由があることと、自分に合った失敗を防ぐ対処方法に気付かせるために「失敗から学ぼう」というテーマで保健学習を行う。また、学校生活上で行動化が起こった場合には、担任等関係者と密に共通理解を図りながら、個別の保健指導を行う。

　自傷行為にしても、乱暴な言動にしても、その当事者のほとんどが「よくないことだと思っている」と言います。ここに問題の根深さがあると私は考えています。人や物に当

ると叱られるのは当然です。叱られる経験の積み重ねによって、彼らの中に「よくないこと」という意識が根付きます。しかし、その一方で、本人もやめたいと思っている行動をやめられない彼らがいるのです。ほぼ同じような状況がきっかけで、またやってしまう。そしてまた叱られる。なぜそうなってしまうのか自分でもわからず、自己弁護もできない。やがて、彼らは自暴自棄になって言語化をあきらめ「どうせわかってもらえない」と大人を信頼しなくなっていく…という悪循環。

となると、大人がすべきことはこの逆です。叱る役割とは別に、自己弁護を支援して、対処方法を共に考え実践していけばよいのです。その寄り添いこそが悪循環の突破口として必要であると私は考えます。周囲の大人に心を開かない彼らが「この人ならわかってもらえるかも」と心の扉を開きかける瞬間を信じて待ち、取り組みを始めました。

（個人の特定を避けるため、お伝えしたい内容が変わらない程度に登場する子どもの設定を変えています）

【実践の具体的な内容】

手立て①
言語化を促す取り組み

高等部３年生のＡ子。４月は自傷行為をして来室しても一言も話しませんでした（図１）。「リストカットをしないと耐えられないほど辛い気持ちなんだね」「あなたのことを心配しているよ」どのような肯定的ストロークにも反応しません。しかし、しばらく続けていると、一瞬目を合わせるなど反応が見られるようになりました。６月のある日、「気分がすぐれない」と保健室のベッドで横になるＡ子の枕元に名古屋市発行のパンフレット「気づいてる？こころのＳＯＳ」を置き、「いつでも話をきくよ」と声を掛けました。すると、ベッドからＡ子の泣きじゃくる声。駆けよった私に一言、「学校が辛い」Ａ子が初めて私に言葉を発しました。

○**手紙を介して言語化を促す**

夏季休業で昼夜逆転し、体調不良が続くＡ子に言葉を掛けながら「もしかして、今のＡ子には『話してごらん』はハードルが高いのかもしれない」と考えるようになりました。相談意欲が低かったり、気持ちを言語化することが苦手であったりする生徒には、もっと工夫が必要なのかも。担任に相談し、手紙を書くことを試みました。言葉掛けでは反応が薄かったＡ子も、手紙だと遅くとも翌朝までには返事が届きます。スクールカウンセラー（以下、ＳＣ）からも、会話が「見える化」「構造化」されてわかりやすいだけでなく、手紙が媒介となってコミュニケーションが促進さ

	Ａ子
基本事項	○軽度の知的障害 ○高等部入学時「選択性かん黙」 ○情緒不安定となりやすい ○その他目立った病歴なし
実態	【家族】 ○Ａ子から母への好きな思いは強いが、大切にされていないように感じている。 【コミュニケーション】 ○特定の教師（担任）とのみ、小声で会話することができる。 ○イライラするとリストカットや皮めくり、自分の肩を壁にぶつけるなどの自傷行為があり、言葉で教師に伝えることができない。 【学校生活】 ○欠席は年間10回程度。
４月の様子	○体調不良で来室するが、一言も話さず担任と共に教室へ戻る。

図１　Ａ子のプロフィール

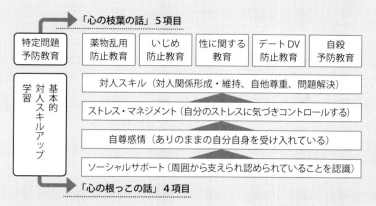

図2 【包括的心の健康教育推進モデル】を定期相談の題材に

れる、と背中を押していただけました。

○心を開く瞬間は突然に

　私が簡単な質問をして、それに答えるという手紙のやりとりを続けていたところ、11通目の返事に初めて「先生って○○（メールアプリ）やってるの？」という質問が返ってきました。「双方向のコミュニケーションが成立した」と喜びながら、私は次のように答えました。「メールアドレスは在校生には誰にも教えてないんだよ。でもメールのようにA子が何かを伝えてくれれば先生はいつでも話を聞くよ」そう伝えると、メールアプリでのやりとりは難しいことを納得し「私が書いた詩を読みますか」とA子が言いました。翌日から、A子の詩が書かれているノートを介した私との新しい関わりが始まりました。

　常に情報を共有してきた担任と、A子が心を開き始めたことを喜び合い、SCからは、次のステップに進んだ私に助言をいただきました。「A子から市川先生に向けられる特別な感情『転移』には気をつけなければいけないが、相談関係の進展の証でもあるので、常に風通しをよくしながら関わりを続けるとよい」と。早速、学年でも共有しました。女子生徒から相談を受けることは少なくありませんので、こうした配慮は常にしておきたいものです。

日程等	・原則に週1回14:20〜14:50 ・場所は保健室
活動	・A子の詩ノートを介して会話する。 ・「心」のプリントに書かれた11個のテーマの中から一つ選んで話す。 ・次回の相談日までの宿題を決める。
校内体制	・いじめ等対策・虐待・運営委員会と、朝の打ち合わせにて、相談を行うことについて全教職員へ周知を図る。 ・ねらいを事前に養護教諭間、担任と共通理解を図ってから相談を実施する。 ・相談後は書面の記録と共に担任へ報告し、次回の見通しやねらいを話し合う。 ・1対1で相談を行うが、もう一人の養護教諭が同室していたり、扉を開放していたりと開かれた空間づくりに努める。

図3　定期相談を行うにあたって

○今こそ定期相談のチャンス

　A子が私に自分の思いを表現し始めた今こそ、定期的な相談の時間を確保することが必要だと考えました（図2、3）。定期相談では、包括的心の健康教育推進モデル図を参考に、私が独自に作成した「心」のプリントを活用しています。

　「認められるってどういうこと」と聞くA子。「これでいいんだと感じる経験や、話してよかったなと感

じる経験のことで、心の根っこを育てるためにとても大切な経験なんだよ」と返す私。このような話し合いを積み重ねたところ、後日、Ａ子はノートに書かれた詩の中で、「自分自身を認めてあげたい自分」がいることを表現しました。４月には私の問い掛けに言葉ではほとんど答えなかったＡ子が、自分自身について考えたことを言葉にして他者に伝えられるようになった姿に、成長を感じました。この頃には、自傷行為はほとんど見られなくなりました。

○間違ってはいなかった
　12月、「絶対読まないでね」と渡されたＡ子のノートに、私は心動かされました。
　「ほとんどの人はしょげてる時に何も言わずに去っていく。でもあなたは違ったよ。なぜって問うと必ず、『君が心配だから』この言葉を言うだろう。もうホントかなわないや」
　肯定的なストロークを受け続けて心を開いたその瞬間を、詩を通して私に語ってくれました。表面的には「独りにして」と発信していても、本当の心は関わりを求め、励ましに支えられている。これは、他の声なき子どもたちにも通じる心の叫びではないでしょうか。
　卒業式、「あなたと会えて本当に良かった。出会わなければ私は止まったままだった。心からありがとう。私は進んでいくよ。さよならは言わず、いつかまた会いましょう」泣きながら渡された手紙にこう書かれていました。私も涙が止まりませんでした。その理由はこの手紙だけではありません。しっかりした声でお世話になった多くの先生方に「ありがとう」と伝える姿を見せてくれたからです。

手立て②
失敗からどう学ぶか

　「今、どんな気持ち？」という質問が抽象的で理解できない。「不安や悩みがあるとき」という場面が、具体的に自分がどんな状況になったときなのか想像できない。こうした抽象概念の理解が難しい子どもたちにとって「心」の学習は難関です。今の心の状態を、気持ちを、うまく伝えられないからこそ身体化や行動化につながりやすいのでしょう。そこをどう考えさせるか。成長していくＡ子の姿から私が学んだことも生かし、他の生徒たちにも、生徒自身の経験を具体的に掘り起こす機会をもてるような保健の授業を提案し、実践しました。

○経験を掘り起こしてから授業へ
　対象生徒は高等部１年生のうち、知的障害が比較的軽度な学習グループの12人です。大きな失敗は思い出に残っているようで、詳細に記述される失敗経験に私は驚きました（図４）。
　①何が失敗だったか、②最初にあったこと、③心の動きの３点が記述されるように添削や質問をして、個別に整理する活動を事前に行ってから授業に臨みました。
　授業では、学校内でよくある場面を教員が寸劇で示し、ワークシートを活用して先ほどの３観点に整理しました。「友だちをたたいた」という失敗が起こったのは、「イライラした」からであり、さらに「友だちに悪口を言われたから」であるという流れを理解できるように提示します。「この失敗を防ぐには？」と問うと、ワークシートのＢのような対処方法が生徒の意見として出されました（図５）。これは「怒りをコントロールするためにはどうしますか」という質問より生徒にとってわかりやすい問いでした。そして、こう伝えます。「同じような状況になって、失敗しそうになったら、何か一つ方法を試そう。それで失敗してしまったら、また一緒に方法を考え直そう」。生徒のワークシートには「暴力はいけないから、（悪口を言ってくる相手に）理由を聞いて、そ

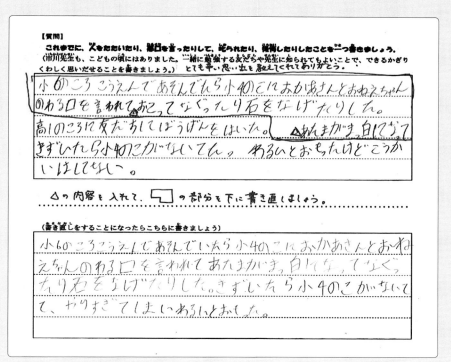

図4　ワークシートへの生徒の記述

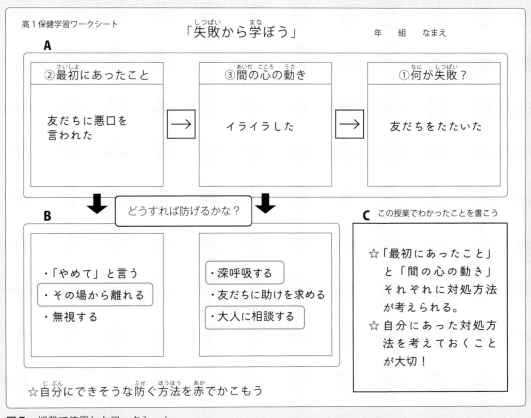

図5　授業で使用したワークシート

れでもだめだったら近くの大人の人に話す」という記述も見られました。授業後、添削したワークシートを担任に返しながら、「授業だけでは改善しない。これからの学校生活の中で生徒指導を通して個別に学びを積み重ねること。繰り返し、この授業内容の振り返りをしていこう」と、どの担任とも共通理解することができました。

写真は相談場面のイメージです

○一人一人に向き合う
個別指導が必須

　高等部１年生のＢ男は、学校外でのトラブルが絶えません。注意を受けたり、納得できないことがあったりすると、怒りをコントロールできずに極めて速い流れで乱暴な言動をしてしまいます。普段は、陽気で快活で気持ちのよい高校生でいられるのに。私と出会った頃は、トラブルがあっても周りの人に言わず、後になって発覚して強い叱責を受け、さらにストレスをため込むといった状況でした。

　相談室で「失敗は誰にでもある。先生はあなたの力になってあげたい。そのためには、失敗したときや失敗しそうなときに正直に話してくれるといいんだけど」、担任や保護者などと役割分担しておき、私は聞き役に徹してトラブルの度に仕切り直しました。面談は、週に１回30分、ワークシートを再度提示し、現実に即した対処方法や予防方法を共に考えました。「イライラしたら深呼吸してみます。でも、その場から離れられるかな。自信ない」Ｂ男の気持ちに寄り添って面談を続けると、Ｂ男がやれそうな方法が増えてきて、やってみようという気持ちが高まってきます。でも、現実はまた失敗。

　しかし、変化は少しずつ起こってきました。これまで、失敗しても黙っていたＢ男が自ら保護者に伝えるようになったというのです。さらに、私にも自分の失敗を伝え、「また話を聞いてほしい」と言うようになりました。この変化を、支援者全員が「成長」と捉えることができれば、いつかきっとＢ男の失敗も無くなると信じています。

　「ねえ、市川先生は来年いなくなったりしないよね。相談できる人がいなくなっちゃう」ある日Ｂ男が筆者に言いました。

　「目の前の子どもに関われるのは、今年限りかもしれない」毎年それぐらいの覚悟で、子どもたちとの日々の関わりを大切にしていこう。Ｂ男の問いに心の中でつぶやきながら「大丈夫だよ」という気持ちを込めて、Ｂ男の肩にポンポンと触れました。

いちかわ・きょうへい

養護教諭歴８年、現任校２校目（２年目）。
名古屋市で初めての男性の養護教諭として採用。平成28年には、名古屋市「指導体験記録（実践記録）」特選（最優秀賞）を受賞。共著に『男性養護教諭がいる学校』がある。男性養護教諭友の会事務局長。

初出：『健康教室』2018年2月増刊号（所属は初出当時）

chapter_04
男性養護教諭
の一日

男性養護教諭の一日 case1

東京都小笠原村立小笠原小学校
阿部大樹先生
(2018.9.11)

阿部大樹（あべ・だいき）

大学病院一般病棟での看護師歴7年、特別支援学校での養護教諭歴5年、6年目の今年度、小笠原諸島父島にある小学校に赴任となりました。もうすぐ5人の子供の父親にもなるので、妻のキャリアも大切にし、ワークライフバランスを考えて仕事をするように心がけています。

7:00 本校に通う息子たちと一緒に家を出ます。海を見ながらの自転車通勤は気持ちがいい。

7:15 出勤したらまず換気。湿度は70〜80%は当たり前。窓から海を一望し気合注入！

7:15 まずは水質検査。冷水機が5台、常時冷たい水が飲め、熱中症対策に役立っています。

7:15 WBGTをチェック。高いときは職員朝会で注意喚起。でも毎日高い（笑）。

8:00 全校朝会で166人の児童に「日向と日陰」についてのお話。帽子は大切だよと。

8:30 職員室で健康観察表を受け取ります。

8:45 健康観察表の出欠席状況をPCソフトの「えがお」に入力。

9:00 「えがお」の内容を職員室に掲示、船で内地に行っている児童数も把握。いざ保健室へ。

9:30 海でクラゲに刺されたかもと来室。クーリングし、今後のために処置方法を教えます。

10:10 中休みに来室した児童と話す。将来、看護師になりたい児童もおり、聴診器、パルスオキシメーターに興味津々。

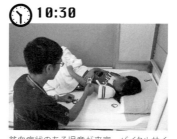

10:30 貧血症状のある児童が来室。バイタルサインを丁寧に測ります。何のために、何の数値を測っているかも児童に教えます。

10:30 見た目とバイタルサインのデータを小児救急で使われるPEWS（院内トリアージスコア）に当てはめ緊急度・重症度判断。

男性養護教諭の一日

10:50 掲示物作り。左上はおが小スクラブ。今着てるのはコー〇ブルーをマネしたもの（笑）。

11:20 特別支援学級の授業のお手伝い。校内ではコミュニケーションブックを活用しています。

12:05 牛乳準備。おが小は弁当持参で牛乳だけ出ます。発注、在庫確認も養護教諭の仕事。

12:15 行けるときは各教室に入れてもらってお弁当を食べます。時間との勝負。

12:30 今日は日直で、昼休みに看護。校庭は全面芝生。あ、帽子忘れた…。

12:55 掃除指導。虫が嫌いなので出ると子供たちに捕まえてもらっています。トカゲもたまに…。

13:15 続々とケガ人が来室。傷を石けんでよく洗います。処置方法を教えます。

13:15 眼が痛いと来室。ペンライトで観察。清潔に保つ方法と痒いときの対処方法を教えます。

13:30 教材準備。パワーポイント作成。

14:20 時事ネタを入れながらの保健の授業。3〜6年の保健の授業を担当しています。

15:05 来室者の状況を「えがお」に入力。保健日誌は管理職へ。

15:30 通級担当の先生と情報共有。週1回来るスクールカウンセラーとも連携しています。

15:45 日直の仕事。海を見ながら国旗を降ろします。「コク〇コ坂から」のようでこの作業は結構好き。

16:40 高校に移動し連合運動会の打ち合わせ。小・中・高の養護教諭で情報共有もします。この時間がとても貴重です。

17:10 退勤。18:00にスーパーが閉まってしまうため、急いでスーパーへ。船が入港した日は大行列。船は1週間に1本なんです。

男性養護教諭の一日 case2

名古屋市立天白養護学校
市川恭平先生
(2017.11.17)

市川恭平（いちかわ・きょうへい）

養護教諭歴8年、現任校2校目（2年目）。名古屋市で初めての男性の養護教諭として採用。平成28年には、名古屋市「指導体験記録（実践記録）」特選（最優秀賞）を受賞。共著に『男性養護教諭がいる学校』がある。男性養護教諭友の会事務局長。

07:20

出勤前に保育園への送りを兼ねて子どもとバドミントンをするのが毎日の日課。

08:10

約40分のマイカー通勤。「運転中は一日の計画を練る貴重な時間でもあります」

08:50

登校してくる子どもを玄関で出迎え健康状態を確認。保護者や担任とも交流。

09:00

複数配置の渡辺先生と一日の予定を確認。「率直に言い合える良い関係です」

血圧を測ることができなかったA君。まずは絵カードを見せることから始め、今日は計測器に触ることができた、今日は腕を通すことができた等、何十ものスモールステップを経て、ようやく普通に測れるようになりました。感無量です！

09:10

健康観察簿の回収時には機会を見て個別の保健指導も積極的に行います。

09:20

続々と健康観察簿を持って子どもが来室。回収箱は保健室の中央に設置。

09:40

健康観察の集計とデータ入力は役割を分担することで双方が情報を把握。

09:50

健康観察の結果を管理職に報告するため職員室へ。気になる子の情報を共有。

10:00

前日や登校時に気になった子の様子を確認するために各教室を見て回ります。

10:30

玄関で嘔吐の報に駆けつけ。処理後、感染症の恐れがないかバイタルの確認。

10:40

午後に実施する授業の準備。渡辺先生は体操を取り入れた保健指導の予定。

🕙 10:50
嘔吐した児童の様子を確認しに行くついでに、後輩教員の研究授業を見学。

🕚 11:20
資料のコピーを取りに行った事務室で事務長と。この日は計4回訪れました。

🕚 11:40
保健室に戻るとまもなく重複障害学級の教室で嘔吐の連絡があり対応に。

🕚 11:50
生徒が授業で作ったどんぐりのコマを市川先生にプレゼントするために来室。

🕛 12:00
授業の準備が気になりつつ、嘔吐した児童を帰宅させるか管理職と相談中。

🕛 12:00
お昼は職員室で職員さんと一緒に。積極的に話しかけ同僚性を高めます。

🕛 12:20
給食時には可能な限りすべての教室を回り健康観察。経時的な定点観測。

🕐 13:00
クラスを習熟度別に二つに分け、渡辺先生と分担して、保健指導を実施。

この日は、「気持ちを伝えることの大切さを知ろう」というテーマで、コミュニケーションやメンタルヘルスについて取り上げました。授業の流れでロールプレイを実施したり、ワークシートに記入したり、双方向の指導ができました。

🕑 14:20
下校時間には、校門に立って全員に挨拶。ここでも健康状態を確認します。

「音楽部」は任意で参加者を募り、前半は音楽の先生が合唱を指導、後半は私がダンスを教えています。みんな楽しそうな表情で一生懸命踊ってくれます。身体を動かすことの健康効果を実感する時間でもあります。

🕝 14:30
ストリートダンスで海外の大会に出場経験もある市川先生。課外活動の音楽部。

🕟 16:30
授業で回収したWSの添削。「必ずその日のうちに結果を担任に戻します」

🕟 16:40
職員室で健康観察簿を配りながら担任と児童生徒の情報共有に努めます。

🕔 17:00
保健室を施錠後、若手からの相談に乗る。「基本、おせっかいなので（笑）」

管理職から見た
男性養護教諭

男性の養護教諭を迎えて思うこと

岐阜県・前公立小学校 校長、元岐阜県行政職
平岩 徹

　本校に赴任するにあたって、前校長より引継ぎをした時のことです。「来年度から養護教諭が2人配置になります。お一人は男性の養護教諭です」恥ずかしながら、その時に男性の養護教諭の存在を知りました。また、その後のいろいろな場面で本校を紹介する際、男性養護教諭の先生がいることをお話すると、大抵の方に驚かれます。私たち大人にとっては、養護教諭＝女性の先生というのが当たり前になっています。

　子どもたちは違います。4月になって迎えた着任式。私の紹介で新たに赴任する職員を子どもたちに紹介をします。「○○先生。保健室の先生です。○○小学校からお見えになりました」その時の子どもたちの反応はいたって普通です。小学生の子どもたちには養護教諭＝女性の先生という固定観念がないことに気づかされました。

　本校では養護教諭が男性だからといって「よい」とか「よくない」とかいう議論は存在しません。本校の男性養護教諭が高い志と使命感をもって日々の職務にあたっていただいていることが、子どもたちの信頼を得ているからです。子どもたちの養護教諭を慕う姿が物語っています。もちろん、保護者の方からの心配や苦情もありません。

　学校保健安全委員会で養護教諭が次のような説明をしてくださいました。

　「学校で取り組む保健教育は、第一義的には健康、安全で幸福な生活のために必要な習慣を養い、心身の調和的な発展を図ることを目的としており、健康に生きるための基礎基本を育むものですが、それだけではありません。健康の価値を認識し、自ら課題を見つけ、健康に関する知識を理解し、主体的に考え、判断し、行動して、よりよく課題を解決するプロセスがそこにはあります。これこそ、本校の学校の教育目標"夢にむかって　やさしく　すすんで　やりぬく子"の取組です」

　養護教諭の先生に学校教育に参画しているという気構えがありました。だからこそ、子どもの健康に関する専門家というだけでなく、先生方からも一目置かれる存在なのだと感じた瞬間でした。

　大切なのは教師としての本質です。養護教諭の先生を含め先生方には男性も女性もいらっしゃいます。もちろん、性別による差異はありますが、その他の個性と同じととらえます。ひとりひとりがその人らしく、子どもに向き合う学校であってほしいと願っています。

管理職から見た男性養護教諭

「本校の養護教諭は複数配置で、一人は男性です」

赴任時の校長引継ぎでこう告げられた時、私は「へー、時代だなあ」と、意外さとともに新鮮さを感じたことを思い出します。彼は、若くてヒップホップダンスもできる養護教諭のニューカマーとして、私の中に印象付けられました。しかし、その働きぶりは堅実で、日々の保健実務には安心感がありました。フットワークよく、男女問わず子どもの中に入っていく姿にも、良い意味で先入観が崩れていきました。これは、もう一人の女性養護教諭とのコンビネーションによるところも大きかったと思います。きっと、私の知らないところで、二人が真剣に語り合うことも多々あったと想像しますが、互いの長所を発揮し合える信頼関係を築き、それが子どもたち、保護者、そして、職員や学校を支えることに繋がっていたのだと感じます。

彼の特筆すべき長所の一つに、教育相談に熱心なところがあります。子どもの心の奥に入ることを厭わず、成長を第一に考えて行動でき、そのバックボーンになるものも積極的に学ぼうとする姿勢。彼と出会ったことで、その後の人生によい変化がもたらされるであろう経験をした子どもは何人もいます。また、一般教諭と力を合わせて行った、多くの児童生徒への支援や授業の取り組みも印象に残っています。

こう振り返ると、養護教諭が男性であったことによるデメリットは、特に感じなかったことがわかります。校内や他機関との連携、危機対応等も含め、養護教諭の職務適性は、性別という属性によるのではなく、その人その人の資質によるのだと実感した場面がいくつも思い出されます。

ただ、私の中で整理しきれない点も二つあります。大きな視点になりますが、一つは女子の体に関する保健指導を男性が受け持つことへの抵抗という、私たちの文化における枠組みの根強さです。今一つは、女性養護教諭、男性養護教諭、それぞれに長所があるとしたら、それらを相補することによって、職の可能性がいっそう広がるのではないかということです。これらを整理し、現状に変化をもたらすには、男性養護教諭の複数配置の場を広げ、その良さを多くの人に実感してもらった上で議論することが、出発点になるのではないかと思います。

「保健室の男女の先生」二人が、特別支援学校の陽の当たる教室で行った保健の授業実践、子どもたちと学年の教師の笑顔の中で学んだ温かく豊かな時間は、これからも大切な宝として、いつまでも私の心に残るでしょう。

男性養護教諭と共に働き、感じたこと・考えたこと

元名古屋市立学校 校長

松尾 茂

男性養護教諭と共に働く中で感じたこと

北海道・公立高等学校 教頭
杉本千加等

管理職から見た男性養護教諭

　教頭昇任の際、前任教頭との打合せで「次、赴任する養護教諭の先生ですけど、新卒で…長野…雄樹と言います。男性養護教諭です」と聞かされました。その時は「はぁ〜そうですか」と何気なく答えましたが、赴任するまで「男性養護教諭」というキーワードが頭から離れることはありませんでした。「なぜ男性なのか？」「保健室に男性？」「保護者はどう思う？」と、よくわからない不安がこみ上げました。

　本校定時制の様子を少しだけ紹介すると、現在教職員8名、給食調理員2名、事務1名、時間講師5名で全業務を行っています。全日制と併置の学校であり、HR教室や特別教室は共用で使用しています。生徒数は各学年1クラスで、1〜4年生まで12〜3名で全校生徒数が50名弱、男子よりも女子が少し多いといった現状です。全日制と同じ年頃の生徒が多く、各クラスに1〜2人くらい過年度生（他の高校に進学後、何かの理由で退学し本校へ）がいます。生徒の多くは小・中学校で不登校を経験しており、コミュニケーショントラブルは多いですが生徒指導事故はほとんどない学校です。

　長野養護教諭の話に戻りますが、1年目は大変苦労していたと記憶しています。何より苦労していたのは生徒との関わりではなく、自分の理想とする養護教諭像と本校の現実、思うように進まない特別支援教育、理解を示さない教職員達だったと思います。何度も長野先生と面談し、特別支援教育の現実と向き合いながら「どんなに小さな1歩でも前に進むことが大切で、必ず生徒のためになることだから…」などと言い聞かせていました。

　2年目以降は、彼の理想像とまではいかないものの、少しずつ前進している様子を伺うことができました。職員室や保健室の前には、彼が作成している啓発（健康に関すること）の展示物があり、立体的で見やすく定時制の生徒だけでなく全日制の生徒や教職員の目にも留まるようになりました。

　新入生が入学する際は、どこの学校でも出身中学校から生徒の状況を聞き、入学後の資料として活用していることと思います。本校でも実施してはいましたが、問題点も多くありました。中学校に行く先生によって話を聞く内容に偏りがあり、本当に必要な情報が得られない状態でした。そのため、彼は2年目から専用のシートを作成し、誰が出向いても聞き漏らしがないよう工夫を施しました。これに加え、特別支援学校の教員やスクールカウンセラーといった外部協力者の対応も的確で、彼抜きでは特別支援教育の業務を推進できない状況になっていきました。

　また、歯科受診の促進にも力を注いでいました。本校では、家庭の状況により歯科通院が困難な生徒が多く在籍しています。そのような状況にある生徒に歯科受診を促すため、学校歯科医と何度も打合せを繰り返し、生徒たちへ講演会で熱く語っていました。その成果も少ないながら出ているようです。

　しかし、彼が理想とする教育にはまだまだ程遠いようで、今後もたくさんの工夫と努力、熱意で多くの生徒たちと関わっていくことは間違いありません。「看護師や養護教諭は女性の聖域」と考えていた時代はもう昔の話であり、その職業に誇りを持ち、情熱を傾けることが大切であり、性別は関係ない。当初「養護教諭が男性で大丈夫か」と疑った自分が恥ずかしく、彼に対し大変申し訳なく思います。これからも貴重な経験を積み重ね、一人の養護教諭として生徒たちに寄り添ってほしいと思います。

chapter_05

PLAYBACK
男性養護教諭
研修会

2010年から始まり現在まで続く「男性養護教諭研修会」の内容を各回の実行委員長が当時のエピソードを交えて振り返ります。

第1回 男性養護教諭研修会

2010年8月7日（土）／愛知県（名古屋港湾会館）

研修会の主な内容
【講演会】「男性養護教諭の歴史とこれから」横堀良男
【講習会】「最新の湿布薬について」久光製薬
【講習会】「企業が取り組む支援活動」ミツブ株式会社
【交流会】男性養護教諭同士による交流

研修会の立ち上げに向けて

数年来、京都の男性養護教諭、篠田大輔先生と共に、自分たちの「仲間」を増やしていくためにはどうしたらいいのか、そしてその想いが途切れることなく次世代に続いていくためにはどのようにしたらよいのか、色々と語り合ってきました。ついに我々が夢見ていたことを実現すべく、2018年8月7日（土）「第1回男性養護教諭友の会」が、愛知県にある名古屋港湾会館にて開催されました。

初めてこのような研修会を開催するため、申し込みがどれくらいあるのか、他の地域から来てくれるのか、内容はどのようなものにしたらよいのか、色々準備段階から不安なことがいっぱいでした。篠田先生を中心に無事開催できたことに安堵し、当日の晴れた空を見上げた記憶があります。

有難いことに現職養護教諭、退職者、養護教諭志望者、研究者、学生、出版社、企業など30名を超える多くの方々から参加申し込みがあり、当日は予想以上に盛大に開催することができました。

記念すべき第1回研修会の内容

記念すべき第1回目の講演として、遠路遥々北海道から横堀良男先生にお越しいただき、「男性養護教諭の歴史とこれから」と題してご講演いただきました。養護教諭の歴史、ご自身の経験と様々な苦労、今後の期待等、経験者であるからこそという視点でお話しされ、時には笑いも織り交ぜながら、とても共感できる素晴らしいお話を聞かせていただき、当初予定していた時間では足りないくらい充実したご講演でした。

次に「最新の湿布薬について」という講習や「企業が取り組む支援活動」という講演では、現場での対応方法や最新の情報、今後必要となっていくであろう企業との連携方法など、普段ではなかなか

REPORTER
大西康司
日本体育大学卒、愛知県私学協会学校保健研究会主任等歴任。モットーは「適当」（適度に、当たり前に）。

聞くことができない内容を直接企業の方から聞くことができました。なかでも湿布の貼り方では、切り込みを入れるだけで色々な部位に対応できることには目から鱗といった感じでした。

そのようなとても充実した研修会を終え、当日のメインイベント（？）である親睦会へと会場を移しましたが、そこではアルコールの力も手伝ってか予想以上に和やかな会となりました。先程までの研修会の時に時間が無くて聞けなかったことや話し足りなかったこと、相談やアドバイスなど、それぞれが積極的に自分の思っていることを表現できたのではないかと思います。この親睦会では、とても初対面のメンバーの集まりとは思えないくらい打ち解け、最初の会場では残念ながら時間切れとなってしまったため、2次会にまで発展してしまいました。その2次会ではさらに盛り上がり、次の研修会をどこで開催し誰が主体となるか、どのようなことをしていくかなどが話題になり、個々が持っているエネルギーを存分に発揮したとても実りある会となりました。

男性養護教諭のこれから

これから後の「友の会」の動向を読んでいただけたら解ると思いますが、今までは無かったものを作り上げていく発想の豊かさとエネルギーを兼ね備えた「男性」の養護教諭が、今までは「女性の職」と思われていた世間一般の固定概念を払拭し、性別に関係なく職務を遂行している様子を感じていただけると思います。そして広く認知されていく日もそう遠くはないと思います。

「男性」であるがゆえにぶつかる壁というものが存在するかもしれませんが、もしその壁にぶつかったとしても、この「友の会」でつながった仲間の存在があれば乗り越えていけると確信しています。

東京で開催された養護教諭の研修会で、私が史上初めての男性養護教諭として参加させていただき、代表で修了証をいただいてから約20年が経ちました。あれから少しずつですが仲間が増え、それぞれが自分の特色を発揮し活躍している姿を多くの場面で見られるようになり嬉しく思います。

「第1回」からこの会を継続してきましたが、今後は次世代のメンバーに託し、皆がそれぞれの特性を生かして、企画、運営、進行など経験していってもらい自分のスキルを高めていける場として積極的に参加していってもらいたいと思います。

第2回 男性養護教諭研修会
2011年8月7日（日）／埼玉県（浦和コミュニティセンター）

研修会の主な内容
【講演会】「男性養護教諭の歴史とこれから Part.2」佐川秀雄（養護教諭）
【事例検討会】「男性養護教諭の立場から」事例提供者：大西康司（養護教諭）
【講演会】「男性看護師・男性保育士研究から見えるもの〜男性養護教諭と比較して〜」川又俊則（鈴鹿短期大学教授）
【交流会】現役男性養護教諭と男性養護教諭を目指す人達との交流

1 はじめに

第1回男性養護教諭の研修会は、多くの男性養護教諭、目指している男性、研究者の方々などと出会うことができた、大変有意義な会となりました。「この出会いを繋げていきたい！」という熱い思いから、2011年の夏に埼玉県で「第2回男性養護教諭の研修会」が開催されました。

2 講演「男性養護教諭の歴史とこれから Part.2」佐川秀雄氏

1982年より茨城県で養護教諭として特別支援学校（養護学校）に勤務された佐川先生から、経歴や学校での取り組みについて講演をしていただきました。佐川先生は児童生徒との関わりを大切にし、保健活動がスムーズに行えるように工夫したり、より良い支援のために大学院に進学し「医療的ケア」について研究を行うなど、養護教諭の専門性を高めながら活動をされていたとのお話がありました。

こういった取り組みの結果、今よりも男性養護教諭が周囲から理解を得るのが難しい時代だったにも関わらず、同僚や保護者から「男の先生でもやれるんじゃないか」「男女どちらでもよい」といった信頼を獲得されていました。

周囲の理解を得るには、専門性の向上や日々の活動で信頼を積み重ねていくことが大切になってくることを再確認できました。

3 事例検討会「男性養護教諭の立場から」事例提供者：大西康司氏

男性養護教諭が学校現場で遭遇する「どう対応するの？」と思われる様々な場面対応を、架空事例をもとに、「内科検診」や「宿泊学習での女子の体調不良」などについてグループに分かれて話し合いました。

話し合いで沢山の意見が交わされた後に大西先生より長年の経験から次のようにまとめられました。

"事例に対しての答えはありません。ですが、女の子相手だからといって対応しないわけにはいきません。そのため、男性でも大丈夫と思われるように自分で出来ることは自分でする。出来ないことはどこまで出来るか考え、今の自分としてここまでは出来る、ここからは難しいとラインを引いていくことが大切です。そこがスタートでそこからラインを広げていきましょう！"

なんともいやはや、一人ひとりが取り組みの中で答えを出し続けていかなければならない宿題つきの検討会でした。

4 講演「男性看護師・男性保育士研究から見えるもの〜男性養護教諭と比較して〜」川又俊則氏

養護教諭と同じく女性比率が高い看護師や保育士に関する現況の紹介や先行研究の分析を踏

REPORTER
吉田聡
採用されて10年目。好きな言葉は「ぼちぼち」。でも、「子育て」「遊び」「この会」のことは全力で取り組んでいます！

まえ、男性養護教諭の今後についての講演をしていただきました。

女性のみの職業に男性が入ることで、新たな視点が加わり気づくことがあり、想像していたより女性患者からは男性看護師に対するマイナス感情がないこと、相手が感じる羞恥心なども、専門性をもつことで薄められるなど、養護教諭にも共通する事項が多く紹介されました。

また、養護教諭は人手不足の他職種に比べ、採用倍率が高いこともあり、採用がゆるやかに増えていくのではないかと予想され、まさに、現在までの男性養護教諭数の推移を示唆していました。

5 男性養護教諭経験者との交流

全国から計13人の"男性養護教諭経験者"が参加し、1人2分の自己紹介をした後、他の参加者の皆さんから質問を受けるといった、記者会見のような交流会が行われました。

〜主な質疑応答〜

Q 言われてきつかった言葉はありますか。
A1 「男性はニーズがないんだよね。この先どうするの？」
A2 「お前に×がついたら、次の採用はないんだぞ」
A3 「男性養護教諭って、男子校や特別支援学校でこそ力を発揮できるよね」

悪気があっての言葉ではないと思いますが、8年前も今も同じような意見を持つ方はまだまだいるのではないでしょうか。

Q 男性養護教諭ならではの利点、または課題はありますか。

〈利点〉
A1 男子の性に関する相談を受けやすい、男子への性教育がしやすい、男子の性器のけがや痛みにも対応しやすい、などの利点があります。
A2 「同性は厳しすぎる」と、性の相談をしてくる女子もいます。
A3 とにかく覚えてもらいやすいです。

〈課題〉
A 発信していく人がまだまだ少ないので、これから実践を見せていきたいです。

利点がないと男性が養護教諭として必要とされない？ なんてこと思わなくていいようにこれからも実践を発信していきましょう。

終わりに

第2回の研修会のテーマは「繋ぐ」ということで行いました。第1回の研修会で繋がった人はもちろん、新たに沢山の方々と繋がることができました。

研修会を振り返ると、2つ思うことがあります。1つ目は質疑応答が活発だったことです。男性養護教諭を目指している、関心のある方が、「働いている中であんなことやこんなことは大丈夫なの？」「どうやって対応しているの？」といった内容が多く聞かれました。

2つ目は先輩養護教諭の取り組みを積極的に学ぼうとしていたことです。経験の浅い男性養護教諭が多かったためか、研修内容を記録し会報を作成して再度内容を共有したり、研修会後の交流会も多くの参加者が出席し、先輩方を囲んで大いに盛り上がりました。

この会で繋がっていなければ、不安を抱えながら養護教諭を目指していたり、養護教諭になれたとしても悩みを相談することができず一人で奮闘するしかなかった人がいたかもしれません。

佐川先生は「今の男性養護教諭は恵まれていると思うこと」と言う質問に「人数（仲間）が増えた点が恵まれていると思います」と答えていました。まさに、仲間のいることの良さを感じることができた、実りある研修会となりました。

第3回 男性養護教諭研修会
2012年8月5日（日）／京都府（洛南高等学校）

研修会の主な内容
【講演会】「男性養護教諭の特別支援学校での取り組み」船木雄太郎（養護教諭）
【事例検討会】グループワーク
【講演会】「現役男性養護教諭へのインタビュー」
【交流会】現役男性養護教諭と男性養護教諭を目指す人達との交流

「そうだ、京都へ行こう」ということで第3回の男性養護教諭友の会は真夏の京都で開催されました。会場は国宝の東寺敷地内にある洛南高等学校・附属中学校です。第3回ということもあって顔見知りの方も多くなり、1年ぶりの再会で話すことも尽きず、始まる前から盛り上がりを感じました。

始めの言葉・アイスブレイク・講演（船木雄太郎）

第3回の研修会を取り仕切っている埼玉県の吉田聡先生よりはじめの言葉、その後、関東若手ホープの妻鹿智晃先生のアイスブレイクにより、あたたまった空気の中、研修会はスタートしました。

まず、はじめに、大阪の特別支援学校で養護教諭をしている船木雄太郎先生の実践報告です。怪我などの処置以外での来室が多く、保健指導に力を入れていて、生徒達を思う船木先生の気持ちが伝わる講演内容でした。特別支援の生徒達は感情のコントロールがうまく出来ず、暴れ出したり、噛んだりする生徒達もいて歯みがき指導するにも口を開けてくれない生徒達もいます。そこで船木先生は自分の得意なギターで歌をうたって楽しい雰囲気を作って歯みがき指導をされています。研修会の場でも歌を披露してくれました。船木先生の言葉の中にあった「歯みがき指導が心のケアにつながっていく」という言葉がとても印象に残りました。

事例検討会（グループワーク）

続いての研修内容は、参加者に事前に「養護教諭として児童・生徒に対応してきた中で、ふと悩んでしまった事例」という内容でアンケートを取り、小学校、中学校、高等学校、特別支援学校のグループに分かれて、お互いの困っている内容に対して話し合いをしてもらいました。

各現場での課題をシェアして同じ校種ならではの悩みを共感したり、アドバイスをもらうなどして、どのグループもとても有意義な話し合いになりました。

昼食交流会

午前中の研修会は終了し昼食の時間です。昼食の時間も積極的に情報交換をしていただきたく、グループを作って話をしながらの昼食タイムです。ご飯を食べながら交流は気持ちもリラックスできるのか、どこのグループも盛り上がって話をしていました。

REPORTER
篠田大輔

地元、愛知県の大学を卒業後、徳島の大学に編入し養護教諭の資格を取得しました。京都の私立高校で2年間勤めた後、現在の学校に勤め17年目を迎えています。

現役男性養護教諭へのインタビュー（小浜明）

インタビュアーは仙台大学の小浜明先生、インタビューに答えるのは、愛知の大西康司先生、新潟の高橋清貴先生、大阪の田中裕先生です。小浜先生より3人の男性養護教諭へ、養護教諭を目指した理由、男性だったことの困難、逆に良かったことが質問されました。養護教諭を目指した理由は三者三様でしたが、苦労されて養護教諭になったようで、もちろん自身の努力もありましたが、家族や周りの人の支援があり養護教諭として働けるようになったとのことでした。

男性だったことの困難としてあげられたのは、女子生徒への対応でした。女子生徒の内科健診や月経痛の生徒への対応ということでしたが、それは女性職員との協力で対応できるということでした。良かったこととしては男子生徒の性の悩みに対応できたことがあげられました。

男女どちらの性の悩みも同性のほうが対応しやすい点があることがわかりました。男女両性の児童・生徒がいるので、養護教諭も両性がいることで児童・生徒の幅広いニーズに対応できるのだと感じました。

参加者交流会

続いては男性養護教諭経験者全員に前へ並んでもらい、質問に答えてもらう男性養護教諭と参加者の交流会です。

今回の男性養護教諭経験者は13名です。吉田先生の軽快な司会のもと会場から様々な質問を引き出し交流会は進んでいきました。休日の過ごし方といった養護教諭の仕事と直接関係ないことから、複数配置の問題点、男性養護教諭としての数十年後のビジョンなど様々な質問を通して参加者の考えが聞き取れて非常に有意義な時間となり80分という時間があっという間に過ぎていきました。

参加者・主催者の感想

研修会の締めとして、参加した方々の感想をいただきました。養護教諭を目指す学生の多くからは、「養成機関では同性が少なく、実際に働いている男性養護教諭に会ったことがなかったので、男性がなれるか不安があったが、実際に働いている方に多く会えて、勇気づけられ、改めて養護教諭を目指す気持ちが強くなった」という感想を多くいただきました。そして女性の養護教諭の方からは男性でも女性でも養護教諭として悩んでいるところは似ていて男女の差が大きくあるものではないといった感想もいただきました。

男性でも女性でも関係なく働ける養護教諭のすばらしさ、そして、もっと多くの男性に養護教諭を目指してほしいという男性養護教諭友の会の思いがうまく伝わった研修会になり、この日のために準備してきて良かったと思える瞬間でした。

最後に・その他

最後に、第3回の会を取り仕切った吉田先生より終わりの挨拶と来年度の主催を関西支部にバトンタッチして会は終了しました。

研修会後の親睦会でも多くの方々に参加していただき研修会と共に京都を満喫していただきました。

第4回 男性養護教諭研修会

2013年8月3日（土）／兵庫県（兵庫県民会館）

研修会の主な内容
【実践発表】「小学校における取り組み」福井佑介（養護教諭）
【実践発表】「中学校における取り組み」高橋清貴（養護教諭）
【講演】「時代が求める『養護教諭力』～理想と現実の狭間で～」徳山美智子（元大阪女子短期大学教授）
【実践発表】「高等学校（定時制課程）における取り組み」吉田聡（養護教諭）
【実践発表】「特別支援学校における取り組み」李容司（養護教諭）
【ミニ交流会】

男性養護教諭との出会い

　私が最初に男性養護教諭の研修会に参加したのは2011年に埼玉県で開催された第2回研修会でした。当時、私は東京都で新規採用されて1年目の年でした。研修会に参加するまでは1人の男性の養護教諭としかお会いしたことがなかったので、全国各地にいる十人十色の男性の養護教諭とお話ができて、とても楽しい時間を過ごせたことを覚えています。また、そのときに初めて、既に退職されている男性の養護教諭がいることも知り、男性の養護教諭の歴史も体感しました。翌年の第3回研修会は京都府で実施され、その後の交流会で第4回研修会の主催を私が引き受けることとなりました。

研修会の概要

　第4回研修会は2013年8月に開催されました。私が第4回研修会のテーマとしたのは「女性」です。過去参加した研修会に女性の参加者が少なかったこと、全国約4万人の養護教諭がいるなかで、たった0.1%の男性が女性の世界に入っていくには「女性」を招くことが必要だという考えからでした。また、他校種の実践を知りたい思いもありました。個性ある養護教諭の小学校、中学校、高等学校、特別支援学校の実践を見ることができれば、各校種の特色を理解し、女性・男性の養護教諭お互いにとってのスキルアップにつなげることができるのではないかと考えました。そこで、講演は女性の元養護教諭の方に、実践発表は全ての校種で男性の養護教諭にお願いしました。第4回研修会では、一緒に盛り上げてくださった先生方のご協力があって、全52人中23人（44.2%）の女性の申し込みがありました。1年近く時間をかけて準備を行い、研修会が無事に終わったときは胸をなでおろしました。

養護教諭として挑戦の日々

　研修会後は多くのことに挑戦しました。私は大阪府の男性の養護教諭で、唯一単数配置で勤務しています。そのなかで保健主事を兼

REPORTER
梅木陽平
大阪府立とりかい高等支援学校養護教諭、大阪教育大学大学院養護教育専攻在学中。根拠のある仕事をするように意識しています。

務したり、生徒保健委員会の取り組みを毎年拡大させたり。兼職発令を受けて科目「保健」の授業も担当しました。2018年度には勤務校が日本学校保健会の主催する全国健康づくり推進学校表彰事業で優良校として表彰されるなど、充実した学校保健活動を行うことができています。その他には大学に講師として招かれ、養護教諭を志す大学生を対象に授業や講演を行い、本の一部執筆も担当しました。

高校生の頃に将来の仕事にしようと決めた養護教諭。今では臨採歴も含めると10年を超えました。大学生の頃は、10年と言えばベテランだという意識でしたが、実際に迎えてみると、10年はベテランではなく中堅ぐらいでしょうか。まだまだ学ぶことが多くあると感じている日々です。これまで大学で学んだ知識と現場で培った技術で10年を駆け抜けてきましたが、もう一度学びなおしたい、研究したい、視野を広げたいと思い、大学院に通い始めました。働きながらの大学院通いは体力を使いますが、現場の同僚の理解と大学院の教授と学友の協力でなんとか二刀流で頑張っています。

男性養護教諭の将来

これまで現場で働いてきて男で困ったことは特にありません。そう思わせてくれたのは同僚のおかげかもしれません。女子生徒から「同性よりも異性の保健室の先生のほうが話しやすい」と言われたことや、女性の同僚から「先生は女子生徒とのコミュニケーションがうまいから女子生徒の多い高校に行ったほうがいい」なんて言われ、驚いたこともあります。しかし、養護教諭は、まだまだ女性優位な世界です。それは養護教諭の歴史を辿るとわかります。養護教諭は各地の学校看護婦が切磋琢磨されて、努力して、認められて教育職となりました。男性の養護教諭が養護教諭の世界で認められるには、同じように各々が切磋琢磨して、努力することが必要でしょう。私の知る男性の養護教諭は皆個性があり、素晴らしい方ばかりなので、男性の養護教諭の将来の展望は明るいものだと思います。先日、他校の男子高校生から養護教諭になりたいので相談したいと話がありました。その生徒は将来への期待と不安で溢れているように見えました。相談を受けた後、「養護教諭になりたい」という言葉をもらえて、嬉しくなると同時に、後輩が養護教諭になれるように男性の養護教諭が必要だと思われる教員であり続けないといけないと身が引き締まりました。その後、その高校生は同級生の前で養護教諭になりたい夢を語り、養護教諭への道を歩もうとしているようです。

研修会への願い

私は女性であれ、男性であれ、性別に関係なく、熱意のある人に養護教諭になってほしいと思っています。これからも男性養護教諭の研修会が、養護教諭を目指す全ての人たちのためになる研修会であることを願っています。

第5回 男性養護教諭研修会

2014年8月2日（土）／愛知県（ウィルあいち）

研修会の主な内容
【講演】「男性養護教諭に紹介したいきっと役立つあの実践この実践」山本敬一（東山書房）
【討論会】「男性養護教諭と複数配置」司会：津馬史壮（養護教諭）
【講演】「養護教諭の『養護』を探求して」野村美智子（名古屋学芸大学非常勤講師、「まちの保健室」）
【実践発表】「知的障害特別支援学校での性教育一実践」市川恭平（養護教諭）
【討論会】「男性養護教諭のこれから」

研修会のテーマは「原点回帰」

第5回の研修会では「原点回帰」をテーマに掲げました。友の会では男性養護教諭たちの交流を深め、養護教諭はどうあるべきか？養護とは何か？ に向き合い、養護教諭という職を深めようとしてきた「原点」があります。その原点に、養護教諭の職の成立過程と、男性として職務にあたる2つの困難さに向き合ってきた「男性養護教諭の第1世代」。課題や、熱意を共有するために横の繋がりを作った「第2世代」。養護教諭になったとき、すでに友の会があった「第3世代」。各世代が原点回帰した先で、男性養護教諭の世代が繋がり、見えるものがあるのではないか？と考えたのです。そして、「原点回帰」を果たすための講師の方々に登壇いただきました。

研修会の概要

1人目は東山書房の山本敬一氏です。山本氏には養護教諭の専門誌の編集者として見てこられた養護実践の紹介をしていただきました。

養護教諭は、子供も環境も自身の状況も異なる中で実践をしています。「養護教諭の違いの1つとして、性別の違いがある」とお話されたことが印象的でした。課題として頻繁にあげられる「女の子は男性養護教諭に抵抗を感じる」ことの原因が「よく知らないから」であることが多く、同じように男の子が女性養護教諭にも、それぞれに抵抗を感じ得る可能性があることを、養護教諭は理解して、様々な「自分が何者であるのか周知する」活動が必要となるというのです。そのため、実践において、「自分から動く」「思いを伝える」「校内に協力者を得る」、そして、「情報を発信していく」ことが重要であると示唆されました。

2人目には、学校現場と地域社会で「養護を探求・実践」してこられた野村美智子氏にお話をお願いしました。

野村氏は「権利の保障」という役割が「養護」である、と1つの見解のもと、子供たちへの不適切な関わり（マルトリートメント）を確かな根拠となるデータによって予防することを実践されてきました。健康観察や、救急処置、健康相談を通して子供の変化に気づき、その背景をデータで示すことができれば、子供たちの権利を守ることに繋がります。

REPORTER
津馬史壮
岐阜県初の男性養護教諭。「えがおになる保健室」を目指し実践を積む。近年は教育相談にも力を入れ、公認心理師、学校心理士を取得。

　「権利の保障」は学校現場でなくとも同じです。「学校から外に出たことで、養護教諭の職務である『養護する』ことは権利を保障することの最低基準であるということに気がつきました」とは野村氏の言葉です。子供たちの健康課題が多様化・複雑化する中、幅広く「養護する」ために両性の養護教諭が必要である、とお話を締めくくられました。

　3人目は名古屋市の特別支援学校に勤務する市川恭平氏に「知的障害特別支援学校での性教育一実践」と銘打ち、実践発表をしていただきました。

　市川氏の実践では、子供たちに「今、君たちは子供を産み、育てることができますか？」と問いかけます。子供たちも「育て方がわからない」「お金がない」「相手がいない」など、様々な意見を出す中、市川氏が重視したことは「ダメ、ではない」ということです。子供たちが正しい知識を理解し、思考・判断をする力を身につけることで権利を侵害されるのを防ぐことを重視した実践でした。

　両性の養護教諭が存在し、それぞれの性別について共感的に指導できるようになることは男性養護教諭の存在価値の1つです。男性養護教諭によって守られるようになった子供たちの権利が存在することを、周りの大人（同僚・保護者・養成者）たちの理解に繋げる、市川氏のような実践が今後とも必要です。

　2つの討論会では、参加者全員の思いを共有する時間になりました。

　私の勤務する学校の校長先生・教頭先生・複数配置で一緒に勤務する養護教諭の先生からもビデオでコメントの提供を受けました。私の職務を通じ、「先回りできる配慮を提供していること」、「子供たちから、男性であることへの明らかな抵抗はないこと」、「男児への支援や共感的な理解に期待していること」が共有され、男性養護教諭のいる各校で同様の実践が行われていることが話されました。

　また、参加者に学生さんがたくさんいたこともあり、男性養護教諭を目指す立場から現職者への質問が目立ちました。子供から聞かれて回答に困ったこと、子供たちとどう向き合うべきか、など期待と不安の両面があるように感じられました。

"男性"養護教諭のこれから

　友の会の研修会がこの先も続き、友の会の篠田会長の願いでもある「男性養護教諭が一般的になり、"男性"養護教諭とは呼ばれなくなる」ころ、「第4世代」が現れてくるでしょう。

　私たちは、自分たちの価値を言語化・数値化して、成果を共有することが今後も必要になるのだと思います。よく聞かれる「女の子の対応はできないよね」という質問に対し、「合理的な配慮は…」「効果のあった対応は…」と理論的な説明を果たし、「男性養護教諭がいたからできるようになった」という新しい価値を世の中に提案していこうと思います。「養護とは、養護教諭とはなんだ？」、第4世代につながるものが研修会の先にあると願っています。

第6回 男性養護教諭研修会

2015年8月8日（土）／神奈川県（逗子開成中学校・高等学校）

研修会の主な内容

【実践発表】「男性養護教諭による実践発表」梅田裕之（養護教諭）
【実践発表】「男性養護教諭による実践発表」北田瞬（養護教諭）
【分科会A：学生向け講座】『採用試験対策のポイント』梅木陽平（養護教諭）／『採用試験に向けた心構え（養成の立場から）』中村千景（帝京短期大学生活科学科講師）
【分科会B：調理交流会】「懐かしの調理実習をしよう」
【講演・実習】『学校における緊急・災害時の対応〜養護教諭とトリアージ』木村純一（養護教諭）、鈴木健介（日本体育大学保健医療学部助教）
【討論会】男性養護教諭Q＆A

糸を紡ぐような小さくも強固な繋がりから始まった男性養護教諭友の会研修会が年々活気を見せる中、第6回研修会を逗子開成中学校・高等学校（神奈川県）にて開催いたしました。第6回研修会では、「繋がりと学び」をテーマに、現職養護教諭から退職養護教諭、他職種、学生までが幅広く繋がり、互いに刺激し高め合う機会となることを目的に研修を企画いたしました。当日はおよそ50名の方々にご参加いただきました。

1. 実践発表

男性養護教諭研修会の恒例となったアイスブレイクを終え、2名の現職男性養護教諭による実践発表を行いました。はじめに、梅田裕之先生（兵庫県加古川市立浜の宮中学校養護教諭）にご登壇いただき、中学校での実践についてご発表いただきました。梅田先生は勤務校での生徒や教職員との関わりについて実際に起きた出来事を交えながら、実態を語ってくださいました。学校現場でひとりの養護教諭として、実践を通して生徒や教職員からの信頼を得ている梅田先生の柔軟な実践の様子が伝わってきました。次に、北田瞬先生（大分県立宇佐産業科学高等学校養護教諭）にご登壇いただき、高等学校での実践についてご発表いただきました。北田先生は初任校での取り組みについて、特に力を入れて取り組んでいる性に関する指導・教育相談を中心に語ってくださいました。性に関する講演会やドキュメンタリー映画鑑賞の企画、社会性を育成するプログラムの導入等について写真等で実践の様子を示しながらお話しくださり、参加者は北田先生の学校の課題に対する行動力の高さに非常に刺激を受けた様子でした。

2. 分科会

近年、男性養護教諭を目指す学生の参加者が増加傾向にあることを鑑み、本研修では学生向け分科会と、現職・退職養護教諭及び他職種向け分科会を行いました。学生向け分科会では、梅木陽平先生（大阪府立とりかい高等支援学校養護教諭）に「採用試験対策のポイント」、中村千景先生（帝京短期大学生活科学科講師）に「採用試験に向けた心構え」についてご講演いただきました。梅木先生には東京都、大阪府の公立学校教員採用試験に合格した経験をもとに、面接対策を中心にお話しいただきました。採用試験対策のテクニックを紹介するだけではなく、参加者が養護教諭を目指す自身の考えや価値観

REPORTER
妻鹿智晃

長年の夢であった養護教諭として勤務。その後、養護教諭の養成に携わるという新たな夢を見つけ、現在は大学教員として教育・研究に奮闘中。東京医療保健大学助教。徳島県出身。

を問い直すきっかけとなるような言葉を、参加者に投げかけながらお話いただきました。中村先生には、これまで多くの養護教諭を学校現場へ送り出した経験をもとに、論文対策や養護教諭に必要な資質や心構えについてお話しいただきました。「子どもを中心に考えることの大切さ」を熱く語ってくださり、学生にとってはこれから学校現場で実践するうえでの礎となるような学びになったことと思います。

また、現職・退職養護教諭及び他職種向け分科会では、これまでにない「繋がり」を目的に、調理交流会を行いました。各班に分かれて八ツ橋とスノーボウルの調理を行いました。各班話し合って役割分担を行い、計画的に作業を進め、楽しく会話を弾ませながら、無事時間内に完成することが出来ました。高い企画力や行動力、コミュニケーション力は養護教諭にとって実践するうえでの大きな力となります。まさに養護教諭らしい調理交流会となったのではないでしょうか。

3. 講演・実習「学校における緊急・災害時の対応〜養護教諭とトリアージ」

午後からは、「学校における緊急・災害時の対応」について、木村純一先生（東京都立町田の丘学園養護教諭）・鈴木健介先生（日本体育大学保健医療学部助教）による講演及び実習を行いました。トリアージに関する基本的知識についてお話しいただいた後、6つのキーワード〈責任者（管理職）〉、〈安全〉、〈情報収集／発信／記録〉、〈トリアージ（緊急度判断）〉、〈救急（応急）処置〉、〈搬送／誘導〉をもとに、「学校における災害時の対応」についてお話しいただきました。プログラムの後半は、START（Simple Triage And Rapid Treatment）法を用いた緊急度・重症度判断トレーニング及び全体実習を行いました。全体実習ではシナリオを設定し、〈リーダー役〉、〈トリアージ実施者役〉、〈負傷者役〉に分かれて大規模災害を想定したトリアージ体験実習を行いました。参加者からは全体実習が特に好評で、シナリオを設定した実習を自校の研修にも取り入れたいという声が多く寄せられました。

4. 男性養護教諭 Q&A

最後は小学校・中学校・高等学校・特別支援学校に所属する男性養護教諭にご登壇いただき、参加者との意見交換を行いました。各学校での取り組みや、勤務するうえで心がけていること、他の教職員とのコミュニケーション等、様々な意見が飛び交いました。本研修会には男性養護教諭だけでなく、多くの女性養護教諭にもご参加いただいています。「男性養護教諭Q&A」という企画ではありますが、女性養護教諭の先生方にも積極的にご発言いただいたおかげで、男性養護教諭として、そしてひとりの養護教諭として勤務するうえでの貴重な実践や考えを共有することができました。

5. 終わりに

筆者自身、男性養護教諭研修会に参加する度に、繋がりを大切にし、養護教諭として成長しようとする参加者の皆様の熱い想いに刺激を受けてきました。この度は実行委員長として研修会を企画・運営することとなりましたが、第6回研修会が参加者の皆様の繋がりや学びを活性化する一助となっていれば嬉しい限りです。男性養護教諭研修会が、これからも「繋がれる研修会」「学び多き研修会」の両輪を大切に発展していくことを期待しております。

第7回 男性養護教諭研修会

2016年7月30日（土）／愛知県（日本福祉大学名古屋キャンパス）

研修会の主な内容
【講演】「障がいのある子どもたちの思春期、青年期の支援と男性養護教諭の役割―障害者権利条約の理念と差別解消法の合理的配慮に触れつつ―」木全和巳（日本福祉大学教授）
【講演】「日本初！ 男性養護教諭の単行本『男性養護教諭がいる学校』出版記念講演」横堀良男（元養護教諭）
【意見交換会】「青年期以降の課題―地域でまちの保健室を運営して感じたこと―」野村美智子
【インタビュー】「男性養護教諭と複数配置」澁谷瑞江、梅田裕之（養護教諭）司会：津馬史壮

---

1 幻の大分開催

　第7回は、本当は名古屋市開催の予定ではありませんでした。真の実行委員長であった大分県立鶴崎工業高等学校の養護教諭、北田瞬先生のコメントから、今回の研修会を振り返っていきます。

　第7回男性養護教諭研修会。当初、九州初開催として大分県で行う予定でした。しかし、2016年4月14日熊本地震が起こり、熊本城をはじめとして道路・家屋、そして多くの命が失われました。大分と熊本をつなぐ電車（豊肥本線）は今も復旧の目処が立たない現状です。「そんな中、第7回研修会を大分で開いて良いのだろうか？」何度も自問自答しました。当日手伝ってもらうスタッフとして知人の養護教諭数人にお願いはしていましたが、実行委員は私一人。開催を中止することも考えました。

　しかし、九州では男性養護教諭がまだ少なく、研修会を開くことで、九州の各県教育委員会に男性の養護教諭がいるという事実や、このような団体をつくって活動していることを伝える絶好の機会になると考えていました。ですので、地震が起きても開催したいという強い思いがありました。そして幸い、研修会を開く大分市は大きな被害はありませんでした。そんな中、事務局から開催中止の決定がなされました。中止決定は多くの意見の中、苦渋の決断だったに違いありません。私は悔しい思いもありながら、中止の決定を受け入れました。今はまだ九州でやるべきタイミングではなかったということだろうと考えて。

　それから時間はたち、九州に男性の養護教諭が少しずつ増えてきました。またいつか九州で、今度は一人でなく、仲間と一緒に開催できる日が来るかもしれません。

　事務局側も意見が真っぷたつに割れていました。最終的には、組織として中止の決定がなされましたが、当時事務局長をつとめていた私は、消化不良の北田先生の心中を察して胸がはりさけそうでした。しかし年に1回の研修会自体は決して絶やしてはならない。そこで、名古屋市を開催地とする代行実施を願い出て、様々な協力者と共に急ピッチで準備を進めていくことになったのです。

REPORTER
市川恭平
9年間の特別支援学校勤務の後、現在小学校1年目。「若手からの卒業」という新たなステージの壁をどう乗り越えていくか悩みながら、日々奮闘中!

2 研修会の様子

　参加者55人。内、現職男性養護教諭（当時）11人、現職女性養護教諭（当時）6人、そして男性養護教諭を志す高校生が2人の参加がありました（第8回の研修会では、養成機関に入学したことを報告してくれました！）。こうして、熱気に満ち溢れた研修会が始まりました。

　日本福祉大学の木全和巳氏より、「障がいのある子どもたちの思春期、青年期の支援と男性養護教諭の役割」と題した講演をいただきました。豊富な事例をもとに、障がいのある子どもたちの思春期、青年期の課題が示されました。特に、

> **男性の養護教諭の存在は、重要**
> 子どもたちの半数は男性。何らかの機能障がいのある子どもたちだと、4倍ほど男性が多いとも。思春期青年期は、女性養護教諭は、マスターベーションをする時のファンタジーイメージになりやすい。性的なまなざしの対象。母親も、機能障がいがある息子の性のことは、わかりにくい。学校には両性の養護教諭がいるべき。（研修会配布資料より抜粋）

このメッセージは印象的で、男女逆の場合もまた然り。全ての養護教諭にとって重要な視点だと筆者は感じています。午後に続いた野村美智子氏による「青年期以降の課題―地域でまちの保健室を運営して感じたこと―」と題したご講演でも、共通の課題が示され、「女性と男性の養護教諭が養護する教育環境」の必要性が述べられました。

　参加者の方のコミュニケーション力の高さに驚かされた昼食交流会をはさんで、横堀良男氏より、かもがわ出版から刊行された日本初の男性養護教諭の単行本『男性養護教諭がいる学校〜ひらかれた保健室をめざして〜』を記念した講演をいただきました。著者のお一人である川又俊則氏から寄せられたメッセージには「マジョリティ側はそうとう強く意識しないとマイノリティの状況に気づきません。マイノリティの立ち位置とされている人々にどうやってマジョリティの人々が向き合うのかが、問われ続けていると思います」とありました。多くの男性養護教諭が、養護教諭OBと社会学者のお二人に強く支えられていることを実感したことでしょう。

　最後は、「男性養護教諭と複数配置」と題して、共に保健室経営を行った澁谷瑞江氏と梅田裕之氏へのインタビューを行い、男性養護教諭や複数配置について参加者と共に話し合いました。「両性いることのメリットを生かして取り組んでいて、男女の複数配置いいなと思いました」（養護教諭・女性）といった感想がありました。

　研修会参加当時高校生で、2019年2月現在杏林大学保健学部健康福祉学科2年生の諸隈崚輔さんに研修会を振り返ってコメントをいただきました。「目指そうと思ったものの、実際の男性養護教諭が本当にいるのか不安でした。実際に研修会に参加して、こんなにたくさんの方が熱心に働いていらっしゃるのを知り驚きました。参加したからこそ、イメージが具体的になって、この仕事につきたいという気持ちが強くなりました。お仲間に入れるよう頑張ります！」養護教諭を目指す学生にとって励みとなり、全ての参加者にとって学びのある研修会となったとしたら、主催者としては光栄です。

　いつかは必ず九州で開催!!　私も微力ながら全力で協力いたします。

第8回 男性養護教諭研修会
2017年8月5日（土）／兵庫県（兵庫大学）

研修会の主な内容
【実践発表】「現職男性養護教諭より日常の実践について」田之上啓太・望月昇平・高橋清貴（養護教諭）
【報告】「高校生へのピア授業」兵庫大学健康システム学科生
【講演】「性別で見る多様性と人権～見えない／見せないしんどさを抱える子どもに向き合う～」飯田亮瑠（ダイビーノン代表）
【座談会】「男性養護教諭を交えて」柏木睦月（東京大学大学院教育学研究科）、コーディネーター・米野吉則（兵庫大学 助教）

男性養護教諭「友の会」

　私事ですが、この研修会に参加したのは第2回からになります。当時は『臨時講師・養護担当』として働いていましたが、採用試験に落ちる度に、心細さは募っていきました。「男性の養護教諭なんて全国に何人もいるのか？」抱えていた疑問が、この会に参加することで解消され、家（ホーム）のような安心感を得たことを覚えています。そんな『友の会』に支えられてきた自分が第8回のお世話をすることになりました。支えとなっている友の会に、また自分の存在を認めてくれた方々に。ご恩を返し、この先目指す人達の励ましになるような研修会にしたい、そんな思いで引き受けました。

研修会の概要

　掲げたテーマは『多様性と向き合う』。"男性養護教諭の研修会"なんだけど、"男性"なんていう冠は外したい。現場の先生が参加し、現場レベルの課題を共有し、現場目線での学びを、ワクワクしながら学んで帰ってもらう。そんな会を目指しました。

　まずは恒例のアイスブレイク。参加者が全国各地から集まっていることを活かしての『仲間みつけ』をしてもらいました。地元が違うだけで"知らなかった"ことって結構あるモノです。続いて3名の男性養護教諭からの実践発表。「信念がブレて困るのは目の前の子ども」—少数派だからこそチャンスだと捉え、モチベーションに変えた、京都の田之上啓太さん。赴任地域に自ら飛び込み、子どもたちと一緒に健診会場を"創る"など、自らの出来ること、出来ないことをすみ分け、周囲の意見を取り入れた工夫をしながら学校保健を推進する北海道の望月昇平さん。自身の十数年の経験から、真実に向かおうとする意志を持ち、複数配置の問題点や課題を包み隠さずお話してくれた新潟の高橋清貴さん。「誰のため、何のための複数配置か」という言葉には熱がこもっていました。

　男性養護教諭の発表というくくりでしたが、3名の実践や障壁、それらに対する工夫を聞く中、数多く参加された女性の先生方の感想

REPORTER
梅田裕之

研修会名物アイスブレイク。実行委員が全力で内容を考えます。力の入れ方は本編以上!? 会場が一体感で包まれる体験を、あなたも是非☆

からも、それぞれ日々様々な努力を行いながら職を担っていることが伺え、改めて養護教諭という職は性別ではなく、人間性で挑んでいくものだということに気付く時間となりました。

昼食交流会を挟んで午後からは、開催会場である兵庫大学より『高校生へのピア授業』報告。ピアカウンセリングの手法を活かし、年齢の近い大学生が指導者となり、発信することは、双方に価値のある学びをもたらす、まさに"学びの多様性"を体現した取り組みでした。

そして講演『性別で見る多様性と人権～見えない／見せないしんどさを抱える子どもに向き合う～』ダイビーノン代表・飯田亮瑠(あきる)さんを迎えて。飯田さんは筆者に第2回の研修会で声を掛けてくれた方の一人です。その時からずっと、いつかゲストとしてこの会にお呼びしたいという願いが実現しました。

大切なのは「知る」ことからスタートすること。「性は、男か女かで分けるものではなくグラデーションである」ことを、セクシュアリティー（性のあり方）の解説を通して丁寧に深めていただきました。学校や社会において、誰もが安心して相談や自己表現できる環境づくりのために。さらには、相談などしなくても、誰もが自分の能力を充分発揮できる環境を創造するために、何が必要であるのか。深い見識と自身の経験に基いた、真剣でありつつも深刻すぎることのない軽妙な語り口の内容は、聴く者の心に、新たな気付きと未来への希望を伴ってスッと浸透していきました。参加した大学生の感想からです。「誰もが"多様な性を生きる人"として、自己表現ができる、自然体で生きられる。研修等を受けなくてもそれが当たり前である社会になればと思いました」

最後は本研修会初の試み―会場をカフェにしよう―。『YOUKYOUカフェ特別編＠兵庫大学』。主宰・柏木睦月さんを招き、実行委員2人はカフェマスターに。ボサノバの流れる中、全国の会員が持ち寄ったお土産をおやつに、職業も年齢も地域も超えて、語り合う空間が生まれました。アイスブレイク時の"仲間"と共に、お題は「あなたの原点はどこか、想いの起点は何か」。互いに持ち寄るのは困り事の主張や誰かへのアドバイスではなく、傾聴の姿勢のみ。普段ホスピタリティーに重きを置く職種の方が多い中、誰かのためではなく、もっと自分の満足に価値を見出してもよいのではないか。そんなアンチテーゼ的に自身の原点に揺り戻されるような語りとなりました。「ゆるい話が出来たからこそ本音が言え、繋がれた気持ちになった」（感想より）。よくある研修会からすると"非日常的空間"なのかもしれません。でもカフェで語り合うという"日常的空間"が一日の終りに作り出せました。

研修を終えて

男性養護教諭(マイノリティ)の発表から、学びの多様性を経て、性別や立場にとらわれた心を緩め、最後は自らの原点へ。『多様性と向き合う』中で、自分も多様性の中に在る一人なのだと気付く一日でした。参加された全ての方々にとって、この日の交流を通し、自身の内から発せられた光に、自身が導かれる思いに至るような研修会になっていれば幸いです。

第9回 男性養護教諭研修会

2018年7月28日（土）／北海道（北翔大学北方圏学術情報センター）

研修会の主な内容
- 【実践発表】男性養護教諭による日常の実践について
- 【ランチョンセミナー】「発達障害を持つ子どもの"困り感"」丸岡里香（北翔大学教授）
- 【講演】「困難を抱えた子どもとの学びの場を通しての関わり」高橋勇造（認定NPO法人Kacotam理事長）
- 【講演】「色覚の多様性・カラーユニバーサルデザイン～みんなちがってみんないい～」栗田正樹（NPO法人北海道カラーユニバーサルデザイン機構副理事長）
- 【座談会】司会：望月昇平（養護教諭）

1 研修会の概要

北海道支部は、『こどもの"困り感"に寄り添う』というテーマを設定しました。そのテーマに沿って5人の講師の方にお話ししていただきました。

幼稚園での実践は、兵庫大学米野先生から『幼稚園における養護実践から幼稚園養護教諭の実態を踏まえて』というテーマのもと、生活習慣、けがの手当て、歯科保健の保健指導についての話でした。

高等学校の定時制での実践は、北海道旭川北高等学校の長野先生による『夜の保健室ってどんな場所？～生徒の"今"と向き合って』というテーマでの発表でした。定時制の一日の流れや歯科保健指導、定時制ならではの養護教諭の悩みや生徒の様子についての話でした。歯科保健指導では、齲歯が多い原因を考え、生徒の不安を取り除くために学校歯科医と歯科衛生士とタッグを組み、解決していく実践紹介もありました。

ランチョンセミナーでは、北翔大学丸岡里香先生より、『困り感を育てる関わりとは』というテーマで話していただきました。小中高で周りから支援を受けていた子どもが、大学に進学したときに周囲の支援がなくなり、初めて自分の困り感に気付くこと、その中で困り感をなくすのではなく、あえて本人の中で育てて、その困り感の解決の相談に乗ることでした。

認定NPO法人Kacotam代表高橋氏の講演では、『困難を抱えた子どもとの学びの場を通しての関わり』というテーマで話していただきました。学習支援から体験活動に至るまで子どもに様々な場を提供し、Kacotamのような認定NPO法人が学校と連携するとこによって活動の幅や可能性が広がり、また、講演の中で、「教育のねらいを決めず、あるべき姿を目指そうとしない」という話もありました。

NPO法人北海道カラーユニバーサルデザイン機構副理事長栗田氏の講演では、『色覚の多様性・カラーユニバーサルデザイン～みんなちがってみんないい～』というテーマで話していただきました。科学的な情報だけで

REPORTER
望月昇平

出身は、静岡県、サッカー小僧です。北海道で4年間働き、現在は関西の大学院で学び直し&関西弁習得中です。早く現場に戻りたいです！

はなく、当事者である栗田氏の見える世界や職業選択では、その職業ではなく、「現場で・一人で・自分の目で・色によって判断しなければならない」という4つの要素が大切であるという内容でした。

2 参加者の感想

○今回も新たな知識と視点を学ぶことができ、大変勉強になりました。（男性・養護教諭）
○自分の感覚と違う世界の話でとてもおもしろかったです。学校でも聞いた話を活かしていきたいと思いました。（女性・学生）
○学校以外で子どもの居場所があることは良いことだと思う。学校とそのような場を困っている子どもたちにつなげてあげられるよう連携していきたいと感じた。（女性・学生）
○『困り感をなくす』ではなく、あえて、育てるという取り組みに驚きました。私は今まで困り感がわからないようにしてきたので、新しい視点を得られました。（男性・教諭）
○幼稚園での養護教諭の実践を聞く機会はほとんどなかったので勉強になりました。（女性・養護教諭）
○私も2種免許は持っていますが、実際に男性養護教諭の先生に会い、その実践もわかって学びになりました。（男性・保健師）
○養護教諭をしている中、副担任や他の仕事もしている様子を聞き、定時制の学校での養護教諭の大変さが伝わってきました。それでも生徒のこと大事に思い、すごいなと思いました。（男性・学生）

3 研修会を終えて

7月28日に全国から46名の皆様にお集まりいただき、第9回男性養護教諭の研修会を無事終了することができましたことに心より感謝申し上げます。

初めて北海道開催となった第9回研修会です。北海道支部は、経験年数が少ない男性養護教諭が多く、全員の力を合わせた研修会を作りたいと思いました。研修会開催まで、テーマや会場探しから講師の選出など打ち合わせをしたくても、なかなか会うことができない距離におり、開催の1年以上前から打ち合わせをコツコツと積み重ねました。

北海道は、ここ5年間で、男性養護教諭の人数が0人から6人に増加しました。しかし、まだ道内の女性養護教諭の中で、男性養護教諭に会ったことがないという人が多くいます。道内各地で北海道支部として研修会を開催し、養護教諭だけではなく、管理職や一般教諭に納得していただき、協力して子どもたちの健康を保持増進していきたいです。そのために自分に何ができるか考えることはもちろんですが、今働くことができているのは、自分たちが中学生や高校生の頃、男性養護教諭として第一線で奮闘してくれた先輩のおかげであることを忘れずにいたいと思います。当たり前の一日ではなく、先輩が夢憧れていた立場に今、僕たちはいて、養護教諭として働くことができていることに幸せを噛みしめて大切にしていきたいです。

新聞社から見た男性養護教諭

理解者
地道に増やして

中日新聞社会部
斎藤雄介

　私が男性養護教諭の先生方を取材させていただいたのは2014年の冬。当時、「女性の活躍」がさかんに叫ばれ、女性が進出しにくい職業の現場などが報じられ始めた時期だったように思います。逆転の発想で「男性が入りにくい仕事もあるのでは」と思い立ち、探して、行き着いた――誠に申し訳ありませんが、きっかけは、ただそれだけの興味からでした。言い換えれば、業界特有の「珍しいもの見たさ」だったのかもしれません。

　実際に先生方にお会いして感じたのは、皆さん強い思いとバイタリティーをお持ちだということです。ただ、それは同時に、男性がその職に就くことの難しさの裏返しなのかもしれないと、後日思わされる出来事がありました。

　ある日、男性読者から届いた手紙に、こう書かれていました。「心が折れそう」。その男性は養護教諭を目指して大学を卒業してから、採用試験を受け続けても、いっこうに通らない現状を嘆いていました。3年間、自身は臨時採用の機会にすら恵まれず、大学の後輩の女性は次々と現場へ出て経験を積んでいく、と。

　もちろん、彼自身の適性の有無や、採用試験の結果の妥当性は知るよしもありません。ただ、取材の中で見た、「保健室の先生は女性の仕事」という世間のイメージと闘っている先生方の姿に、どこか重なるものがありました。そのイメージの根源が、養護教諭が明治期に全国の学校へ配置された「学校看護婦」を起源とするからなのか、もっと別の理由があるのかは分かりません。

　往々にして、根深い偏見をぬぐい去るための苦労は、並大抵ではありません。重要なのは、その根っこを探ることではなく、今保健室にいる皆さんの仕事ぶりのように思います。

　「子どもの選択肢が広がるのはありがたい」。ある男性養護教諭の方が勤務する学校の校長先生がおっしゃっていました。子を持つ親の一人としても、子どもとしっかり向き合ってくれる先生であれば、性別は関係ありません。「いるのが当たり前」になるには、時間がかかるかもしれませんし、その過程で傷つくこともあるかもしれません。

　でも、理解者は着実に増えているはずです。単なる興味本位で足を踏み入れただけの私が今こうして、こんな文章を書いているわけですから。ご健闘をお祈りしております。

新聞社から見た男性養護教諭

最初は私にも「保健室の先生は女性」という思い込みがあり、保健室で男性が働く姿をイメージできないまま取材を始めました。しかし、取材で出会った男性養護教諭たちは、仕事への情熱はもちろん、子どもたちのことを真剣に考え、周囲に細やかな配慮もできる、人として魅力的な先生たちばかりでした。周囲からの「男性で大丈夫なの？」という不安に対しては、地域に出て保護者との信頼関係を築いたり、女性の養護教諭と連携して対応するなど、その取り組みは誠実さと工夫にあふれていました。

私が「男性の養護教諭」の活躍を記事にしようと思ったのは、性別や職業に対する思い込みを問い直すだけでなく、養護教諭の仕事の重要性を多くの人に知ってもらいたいと考えたからです。記事はインターネットでも配信され、大きな反響がありました。男性の保健室の先生の存在を初めて知ったという声と同時に、「必要な存在だ」という好意的なコメントが多数寄せられたことがとても印象的でした。

私が働く新聞社は、社員の大部分が男性です。それでも、近年は女性の割合も徐々に増え、新卒採用社員の男女比はほぼ半々になりました。女性記者が増えると社員の意識も変化し、保育所待機児童問題やセクハラ問題など、以前なら小さく扱われていたテーマも、大きな記事として扱われるようになりました。こうした経験からも、性別も含めて多様な人材が集まると、それまで見落とされていたニーズに対応できる視点や体制が生まれると実感しています。今の子どもたちは多様な背景やニーズを持っています。そこに細やかに対応していくためにも、私は保健室には男女2人の先生がいてくれるといいなと考えています。

最後に、「男性」の養護教諭への期待を書きます。性教育や他者とのコミュニケーションに関する取り組みの推進です。望まない妊娠・出産、性被害や性暴力で苦しむ子どもたちも多く、インターネットの普及とともに誤った性に関する情報も氾濫しています。男女ともに自分のからだや性について知り、自分も相手も大切にするために大切なことを学ぶ機会が必要だと思うのですが、今は不十分だと感じています。今回の取材を通し、保健室の先生が男性だからこそ発見できるニーズや取り組みがたくさんあると感じました。新たな視点を大切に、従来の役割や枠を超えた挑戦も試みながら、子どもを支えていって欲しいと期待しています。

新たな視点・挑戦に期待

毎日新聞社
細川貴代

新聞社から見た男性養護教諭

周りにいないから、不安

北海道新聞記者
大野日出明

養護教諭の仕事に興味を持つ高校3年の男子生徒と出会ったのは、2018年7月。「男性養護教諭友の会」の皆さんが札幌市内で開いた第9回研修会の会場でした。取材で訪れた私は、「きっと教員の養成課程で学ぶ学生も来るだろうから、話を聞いてみたいなあ」と考えていましたが、高校生の参加は意外でした。

「高校の保健室の先生に勧められて来ました」と話す彼。さらに詳しく聞くと、これまで小中高校の養護教諭はすべて女性だったそうで、「養護教諭は子どもたちを精神的に支える、優しいイメージ。でもそれは男女の関係なくできると思うんです。その世界に男が入ることは大変そうだと想像できるけれど、そもそも世の中に簡単な仕事なんてないはずですから」と、とても大人びた答えが返ってきました。彼の固い意志を垣間見ました。

17歳の彼にそんな覚悟をさせる男性養護教諭の仕事。いったい何が課題なのだろう―。がぜん興味がわき、取材に力が入ったのを覚えています。

北海道内に住む現役子育て世代の大人たちに聞くと、課題の一端が見えてきました。ひと言で言うなら「男の保健室の先生は身近にいないし、女子の悩みにもちゃんと答えてくれるのか想像できないから、不安」。道内の男性養護教諭は取材当時で6人。道民にも、まだまだなじみが薄いのです。

研修会を取材して、秋までに記事2本を書きました。道内の現状を紹介する記事では、若い男性養護教諭たちが、児童生徒や保護者らの不安を取り除くために日々の健康管理や健診でさまざまな工夫をしていること、そしてそのノウハウは毎年の研修会で共有してきたことを紹介。また、「男性に務まるのか」という偏見ともたたかう彼らが「どうすれば男でも仕事しやすくなるかと考えるのにエネルギーを費やすのは、もったいないとも感じる」といったもどかしさを、取材記者の感想として記しました。

記事掲載後、冒頭の男子高校生の保護者から連絡をもらいました。「子どもが記事を勉強机のデスクマットに挟んでいる」とのこと。彼が養護教諭を目指す受験勉強の励みにしてくれていたのなら、これほどうれしいことはないです。

男性養護教諭の数がぐんぐん増えるような劇的変化は、まだ現実的ではないのかもしれません。ならば、「男性養護教諭友の会」さんの活動が着実に、もっと多くの人に知られるよう、報道しなければと考えています。そして、結成10周年を記念したこの本が、現役養護教諭や、この仕事を目指す人の道しるべとなることを期待しています。

養護教諭専門誌の編集者から見た男性養護教諭

　養護教諭専門誌の編集をしている関係で、全国の養護教諭の先生方と知り合える機会に恵まれています。その中には男性の先生方もおり、現職元職合わせれば、これまで40名くらいの方々に直接お会いしたことがあると思います。平成30年度の学校基本調査では全国に78名の男性養護教諭がおり、元職を除いても半数近くの方々と面識があることになります。

　私が初めて男性養護教諭にお会いしたのは、雑誌の企画で愛知県の大西康司先生にインタビューさせていただいたときです。そこで大西先生は、周囲から女子生徒の対応を不安視されていることは自覚しつつ、女性の養護教諭も男子生徒と普通に接していることから、「男女差よりも一人の人間として、養護教諭として、生徒とどう向き合うかが大切だと感じています」と語られていました。今から16年前、2003年のことです。

　それから数年たったある日、大西先生から電話をもらいました。「山本さん、今度の土曜日に名古屋に用事はありませんか?」。京都で養護教諭をしている男性と、養護教諭を目指している男子学生と、その教育実習の受け入れ先の養護教諭とで飲むことになったのでご一緒しませんか? と誘ってくれたのです。二つ返事で参加した私が、名古屋の居酒屋でお会いした京都の男性養護教諭が、男性養護教諭友の会の初代会長になる篠田大輔先生であり、養護教諭を目指していた学生が、現会長の市川恭平先生でした。

　篠田先生はその時点で、現在の「友の会」のビジョンを明確にお持ちでした。「数少ない男性養護教諭が、年に一度でも会って、悩みを相談し合ったり、男性ならではの課題を一緒に考えたり、そういう交流の機会が持てたら、男性養護教諭の役に立つと思うんです」と。その時既に何名もの男性養護教諭とコンタクトを取られていました。自分から所在を調べて、連絡して、会いに行っていた。京都から北海道や東京、名古屋など自腹で行動されていたのです。

　ここで大西先生、篠田先生のエピソードをご紹介したのには理由があります。そこには決して教科書的ではないけれど、養護教諭にとって大事な素養が示唆されていると思うからです。それは、「自分から行動する」「思いをしっかり伝える」ということ。一見、当たり前のようですが、それを自覚することは意外に重要です。一人職である養護教諭が保健室で見立てた課題を、学校の問題として共有するためには、意図的な情報発信が不可欠だと思うからです。

　その後私が出会った男性養護教諭の方々も、個性に違いはあれ皆さん共通してそういった素養を身に着けているように感じます。それが元々の性格なのか、環境に応じて磨かれていったスキルなのかは人それぞれだと思いますが、コミュニケーション能力が高く、連携や協働に自覚的な印象を受けます。

　これはあくまで一例ですが、マイノリティとして働くこと、ジェンダーの問題その他、男性養護教諭が感じている課題は「養護教諭」に共通するものであり、どう向き合っているかを知ることには意味があります。そこに本書の価値もあると思っています。

男性養護教諭を知ることは「養護教諭」を理解すること

東山書房編集部
山本敬一

出版社から見た男性養護教諭

編集者からみた少数者としての男性の存在

かもがわ出版編集部
吉田 茂

　男性養護教諭友の会の協力を得て刊行した『男性養護教諭がいる学校』の編集をさせていただきました。出版に際しては、たくさんひろげてくださり、ほんとうにありがとうございました。

　男性養護教諭の存在をよく知らないにもかかわらず、本書の出版について迷うことがなかったのは、20年ほど前に全国男性保育者連絡会のみなさんと『「保父」と呼ばないで』を制作した経験があったからでした。保育需要が拡大し、いまでは保育園に男性保育者がいることはあたりまえの風景になってきましたが、当時はひとりしか男性がいない県や市町村は珍しくありませんでした。同書を紹介する新聞記事を見たある母親から「うちの息子が保母になりたいと言っている。やめさせるにはどうしたらよいか？」と相談の電話がかかってきたこともあるくらいです。保育士という名称が生まれる前のこと。「保母」に準じる資格とされ「保父」という通称で呼ばれていた彼らは、ジェンダーの固定化と、保育は誰でもできる仕事という扱いに抗して、同一名称・同一労働・同一賃金を掲げて交流と運動をすすめていきます。

　一方、学校教育法に位置づけられる養護教諭の専門性は、今も低く見られがちな保育士とは比べ物にならないほど高く認められていると思います。それは、今日までの養護教諭の実践の歴史が創り出してきた評価です。同一名称・同一労働・同一賃金の下、圧倒的少数である男性養護教諭のみなさんが、養護教諭としての専門性に依拠しつつ、自らの男性性を問いながら独自の実践をすすめていることは、もっと知られていいのではないか。本づくりを通しての出会いの中で感じた最も大きなことはそこにあります。

　学校に男性養護教諭が必要なのは、「女より男のほうがいい」からではありません。では、「女でも男でもどっちでもいい」から、なのか。

　1970年代以後の女性差別撤廃の動き、1990年代以後の男性問題の顕在化を経験しながら、男女共同参画社会政策が後退している日本で、養護教諭のみなさんの日々のお仕事は、その深いところで日本社会に根強い男女格差をなくしていくことにつながっていると考れば、そのことについて考えることはムダではないように思います。

　このような場に文章を書く機会を与えていただき、ありがとうございました。これからも勉強させていただきたいと思います。

出版社から見た男性養護教諭

 取材で養護教諭の先生方にお会いする機会が多いのですが、みなさん人当たりがよく、やさしい感じの方たちという印象があります。取材前は、男性養護教諭の先生方は、女性養護教諭の先生方とどのような違いがあるのだろうと思っていましたが、お会いしてみたら仕事に対する意識、子どもたちへの思いにおいて、違いは感じませんでした。

 養護教諭が男性の場合、利点としてまず思いつくのは、男子児童・生徒の人生の先輩として職業選択の際のよいロール・モデルになるだろう、ということです。男子だから、女子だからという理由で将来希望する職業の範囲に制限をかけてしまうのは、残念なことだと思います。その点、学校に男性養護教諭がいれば、「養護教諭って男子でもなれるんだ」という意識が広がり、養護教諭を目指す男子が増えてくるのではないでしょうか。多様性の観点からも、養護教諭に男性がいたほうが自然な姿だと思います。

 養護教諭が男性であることを気にする人がいるとしたら、思い浮かぶのは性に関する指導かもしれません。女子が性の問題について悩んでいるとき、男性養護教諭に相談するでしょうか。するかもしれませんし、しないかもしれません。女子にとっては、女性養護教諭のほうが相談しやすいかもしれません。ただ、最も重要なのは、相談者と同じ性かどうかということよりも、その養護教諭の人柄や、児童・生徒と信頼関係を築くことができるかという性を超えた部分だと思います。

 また近年、セクシュアル・マイノリティへのきめ細やかな対応が求められています。そうした子どもたちから見たら、養護教諭の性別よりも、悩みを抱えたときに自分の悩みを受けとめてくれるか、ちゃんと相談に乗ってくれるか、こたえられる専門知識があるか、ということのほうがより重要でしょう。

 取材では、医療関係者に会うことも多いのですが、こちらは多くが男性です。昨年の女性を差別した医大不正入試問題にもみられるように、医師の世界では女性であることを理由に、男性とは違う不利な扱いを受けたという話が多々あるようです。ただ、患者側から見れば、男性医師と女性医師の違いや性差について考えることはあまりないのではないでしょうか。

 "養護教諭は女性" というのはそもそも大人の思い込みかもしれません。子どもたち、特に小学校低学年ではたくさんの養護教諭に接しているわけではありません。初めて接する養護教諭が男性であれば、子どもたちはそもそも何の違和感も持たないと思います。

 男性でも養護教諭になりたいと思ったとき、それが普通に実現できる社会が理想だと思います。そうした社会にするためには、現在働いている男性養護教諭の先生方の存在はとても貴重です。養護教諭の世界では、現在はまだ男性がマイノリティですが、先生方の個性や特性を十分に生かして、子どもたちの大きな力になっていただきたいと思います。

多様性の観点からも貴重な男性養護教諭

少年写真新聞社編集部
矢崎公一

chapter_06

「報道」「研究」「出版」に見る男性養護教諭の歩み

「報道」「研究」「出版」に見る
男性養護教諭の歩み

ここでは、新聞や雑誌などのメディア、学術学会の研究誌などで取り上げられた「男性養護教諭」について「年表」的にリストアップしています。「出版」の欄に記載のデータは、男性養護教諭自身による執筆も多く含まれています。これ以外にも、数々の媒体で掲載されていると思われますが、「男性養護教諭友の会」で確認したものを以下にご紹介いたします。

	報道	研究	出版
以前2000年	●1981年4月4日、茨城新聞「県内で初めて男の養護教諭が誕生」 ●1995年8月29日、朝日新聞東京版「はたらく現場で 少数派の男たち2」	●1982年、学校保健研究 Vol.24(1)、片岡繁雄「養護教諭の複数配置と男子養護教諭の採用についての現職養護教諭の意識について」	
2002年		●第49回近畿学校保健学会抄録集(80)、船木雄太郎・木村龍雄「男性養護教諭についての意識調査」	●『健』(日本学校保健研修社)6月号、大西康司「保健の先生いますか?」
2003年	●3月9日、北海道新聞「北海道初の男性養護教諭」(横堀良男)		
2004年	●8月8日、北海道新聞「香山リカの働く女の胸の内」にて「男性の養護教諭増えて」	●学校保健研究 Vol.46、村上智明他「男性養護教諭の実態および意識に関する調査」	●『健康教室』(東山書房)2月増刊号『やっぱり養護教諭が好き』、大西康司「養護教諭はおもしろい仕事、挑戦できることにはどんどん取り組みたい―」 ●『健』(日本学校保健研修社)2月号、横堀良男「連携の秘訣は…」
2006年		●第53回日本学校保健学会講演集、飯野崇他「生徒の男性養護教諭に対する認知および受け入れ意識について」 ●第53回日本学校保健学会講演集、津村直子・山田玲子「男性養護教諭に対する意識調査 小中高校生を対象に」	
2007年		●第54回日本学校保健学会講演集、「生徒の男性養護教諭に対する認知、および受け入れ意識について(第2報)－男性養護教諭勤務校における調査」 ●日本養護教諭教育学会第15回学術集会抄録集、田邊太郎・古賀由紀子「男性養護教諭に対する意識調査」 ●同抄録集、横堀良男「小中併置校の実践から―地域とのかかわりを通して見えること」 ●第50回東海学校保健学会総会講演集、寺田圭吾他「大学生から養護教諭の複数配置と男性養護教諭について」 ●日本教育心理学会総会発表論文集第49回総会発表論文集、安念保昌・松葉猛「男女養護教諭に対する意識の性差：中学生と大学生の比較」	

	報道	研究	出版
2008年		●鈴鹿短期大学紀要第28巻、川又俊則・寺田圭吾「養護教諭とジェンダー（1）—保健管理センター助手の事例より—」（男性養護教諭の検討）	●『保健室』（農山漁村文化協会）136、吉田聡「男性養護教諭一年生」 ●『健康教室』（東山書房）6月号、野村美智子「養護実習は学び合いのチャンス！（その2）実習生と課題に挑む」 ●『健康教室』（東山書房）7月号、野村美智子「養護実習は学び合いのチャンス！（その3）子どもたちに男女両性の養護教諭を」
2010年 男性養護教諭友の会結成	●5月19日、中日新聞（NHK「中学生日記」なだぎ武が男性養護教諭役で3週出演、監修後藤ひとみ） ●6月、NHK「中学生日記」男性養護教諭登場	●北海道教育大学紀要、教育科学編60(2)、津村直子他「男性養護教諭に対する意識調査：現職養護教諭、教育委員会の意識」	●『健康教室』（東山書房）11月号、市川恭平「僕も養護教諭です」（談話室） ●『健康教室』（東山書房）2月号、「『男性』『女性』ではなく」（談話室）
2011年	●2月19日、読売新聞東京版（夕刊）、「男子の悩みまかせて…」（吉田聡）	●日本教育保健学会年報(19)、山梨八重子「養護教諭の複数配置についての一考察：男性養護教諭を求める男子の声が問いかけるもの」 ●北海道教育大学紀要、教育科学編61(2)、津村直子他「男性養護教諭に対する意識調査：男性養護教諭勤務校の生徒の意識」 ●鈴鹿短期大学紀要第31巻、川又俊則「養護教諭とジェンダー（2）—あるベテラン男性養護教諭のライフヒストリーを中心に—」（男性養護教諭の検討、男性養護教諭友の会についての記述がある） ●第2回男性養護教諭の研修会資料、川又俊則「男性看護師・男性保育士研究から見えるもの〜男性養護教諭と比較して〜」 ●第58回日本学校保健学会講演集、小浜明「男性養護教諭の職能成長に関する探索的研究〜初任・新任教諭の職業選択と職務満足に着目して〜」 ●同学会にて、古橋晃一他「日本の男性養護教諭の実態と今後の課題」	●『健康教室』（東山書房）1月号、市川恭平（共著）「新みんなの保健室」 ●『保健室』（農山漁村文化協会）153、吉田聡「日々勉強」 ●『中学保健ニュース』（少年写真新聞社）1508号付録、木村純一「男性養護教諭がいる保健室」 ●『健康教室』（東山書房）10月臨時増刊号『保健だよりと掲示物—保健室から発信する健康教育の形—』市川恭平（共著）「バトルから生まれる二つの宝物」
2012年	●5月29日、岐阜新聞、「岐阜県内初の男性養護教諭が誕生」（津馬史壮）	●日本女性学研究会、女性学年報、松下昌子「男性養護教諭の出現が意味するもの：大阪の男性養護教諭への聞き取りから」 ●川又俊則・永石喜代子・大野泰子『平成22・23年度学術研究振興資金研究報告書「養護教諭の複数配置に関する社会学的研究—ジェンダーとセルフエスティームの観点から—」』（男性養護教諭関係5本収録、川又俊則「養護教諭とジェンダー（3）—看護師・保育者研究からみる男性養護教諭—」）	●『保健ニュース』（少年写真新聞社）第1524号、第1527号付録、連載「男性養護教諭の現状」（①篠田大輔「健康、運動をトータルに支援」、②吉田聡「男性養護教諭6年生」、③川又俊則「『男の』と問うのは誰か」） ●『健康教室』（東山書房）10月臨時増刊号『養護教諭の[研修]ガイド 実践力を伸ばす学び』吉田聡「男性養護教諭の研修会」

	報道	研究	出版
2013年		●日本養護教諭教育学会第21回学術集会、ミニシンポジウム「養護教諭をめぐる課題―男性養護教諭を通して考える―」（登壇：市川恭平、進行：米野吉則）	●日本養護教諭教育学会機関紙「ハーモニー」第62号、市川恭平「『男性養護教諭友の会』を紹介します！」 ●『健康教室』（東山書房）6月号、船木雄太郎（共著）「1人ひとりのニーズに応じた歯みがき指導をめざして」
2014年	●1月24日、神戸新聞「学校保健室に男性養護教諭、全国で採用進む」（梅田裕之） ●1月26日、神戸新聞「思春期に寄り添う男性養護教諭」（梅田裕之） ●12月11日、朝日新聞「『保健室の先生』男性じわり増加」（津馬史壮） ●12月19日、中日新聞「保健室の頼れる兄貴」（津馬史壮、市川恭平）	●『平成24年度「思春期におけるさまざまな課題のある生徒への健康教育と生徒指導」報告書』、船木雄太郎「養護教諭が行う集団保健指導」 ●日本養護教諭教育学会第22回学術集会、男性養護教諭友の会・市川恭平「養護教諭の養成から見出される『両性の尊重』」（参加者の感想が残っている）	●『健康教室』（東山書房）2月増刊号『健康診断のアイデア・ファイル』、梅木陽平「よりよい健康診断になるように試行錯誤しています。」、市川恭平（共著）「一歩進んで『ほら大丈夫！』健康診断なんてこわくない!!」 ●佐治晴夫監修『生活コミュニケーション学を学ぶ』（あるむ）、川又俊則「養護教諭の男女の共同―こどもたちの支援充実のために―」 ●『健』（日本学校保健研修社）3月号、市川恭平（小林きよ子）「これは素晴らしい仕事だな」 ●『心とからだの健康』（健学社）11月号、野村美智子「退職養護教諭の"まちの保健室"便り　子どもの権利として両性の養護教諭を！」
2015年	●1月13日、中日新聞「目耳録　先入観」（津馬史壮）	●第12回日本教育保健学会、フォーラム・セッション「男性養護教諭の実践から見えてくる『教育保健』」、実践発表「男性養護教諭の実践」、小林貴義「男性養護教諭の保健室経営」、津馬史壮「男性養護教諭の行う『性に関する指導』」	●『養護教諭通信』（のまど書房）7月号、津馬史壮「養護教諭のファッション」、市川恭平「私の本棚から（川又俊則著『世の中が見えてくる統計学』）」 ●『健康教室』（東山書房）7月増刊号『保健室のアイデア・ファイル2』、梅田裕之（共著）「『色』を意識するアイデアで事務処理の効率アップ♪」
2016年	●8月25日、中日新聞愛知総合「保健室『少数派』の主張」（『男性養護教諭がいる学校』出版紹介記事）	●帝京短期大学紀要No.19、中村千景「男性養護教諭に関する研究動向」	●『健康教室』（東山書房）1月号、市川恭平「はなのかみ方～どのように身につけるのか～」 ●『健康教室』（東山書房）2月増刊号『養護教諭WORKS』、梅木陽平・相澤智朗・梅田裕之・北田瞬「【座談会】男性養護教諭interview＋オイカワヒロコ先生の男性養護教諭研修会"マンガで！"参加レポート」、石井浩二「初めは、児童生徒の健康実態把握から！」 ●川又俊則・市川恭平『男性養護教諭がいる学校　ひらかれた保健室をめざして』（かもがわ出版）（日本初の男性養護教諭本） ●『健康教室』（東山書房）10月号～2018年3月号、リレー連載「男性養護教諭友の会通信」計18回 ●『中学保健ニュース』（少年写真新聞社）第1670号付録（「BOOKS」にて『男性養護教諭がいる学校　ひらかれた保健室を目指して』紹介）

【年表】「報道」「研究」「出版」に見る　男性養護教諭の歩み

	報道	研究	出版
2017年	●7月27日、伊勢新聞「男性養護教諭が分かる本」(川又俊則) ●8月1日、神戸新聞「保健室の先生」、男性の役割とは(梅田裕之、米野吉則) ●8月3日、中日新聞鈴鹿市版(川又俊則『男性養護教諭がいる学校　ひらかれた保健室をめざして』の紹介) ●8月10日、毎日新聞、「保健室　男の先生　全国65人」(市川恭平) ●8月19日、「思春期、女性に相談しづらい悩み…　保健室の先生　男性の出番」(第8回の研修会の内容も取り上げ) ●8月19日、神戸新聞(夕刊)「男女ペアの配置が理想」(梅田裕之) ●11月15日、毎日新聞「頑張りすぎず相談を」(吉田聡)		●『保健ニュース』(少年写真新聞社)中学：1676、1679、1682号、高校581、584、587号付録、リレー連載「男性養護教諭がいる保健室」(①市川恭平「異なる課題を抱えた生徒への対応を通して」、②梅田裕之「発言集〜男性養護教諭の日常より〜」、③北田瞬「男性が目指すことができる職業」 ●SeDoc(少年写真新聞社)「保健室からこんにちは」(市川恭平、木村純一) ●公益財団法人日本女性学習財団『We Learn』759「ざ・ぶっく」(『男性養護教諭がいる学校　ひらかれた保健室をめざして』書評) ●公益財団法人 日本女性学習財団『We Learn』766、市川恭平「活動情報　男性養護教諭友の会―男女の枠組みを超えた「養護教諭」のあり方を追求―」 ●『健康教室』(東山書房)7月増刊号『ほけんだよりのアイデア・ファイル』、津馬史壮「読んでもらってナンボ！キーワードはカラー、スペシャリスト、我が子愛!?」
2018年	●2月1日、読売新聞『教育ルネサンス』「男性教諭　保健室に新風」(福井佑介) ●3月3日、北海道新聞『週刊じぶん』「体の変化　男子だって不安」(男子への性教育についてコメント：望月昇平) ●8月26日、北海道新聞「養護教諭の寄り添い重要」(研修会内容と漫画「保健室のせんせい」記事掲載) ●10月26日、北海道新聞『週刊じぶん』、「養護教諭　男性もいます」(望月昇平)	●日本健康相談活動学会誌13(1)、鈴木春花・朝倉隆司「男性養護教諭の仕事に対する意識と体験に関する質的研究」 ●日本学校救急看護学会　第13回学術集会抄録集、妻度智晃・砂村京子「男性養護教諭の養護実践に対する校長の認識(中間報告)」	●『健康教室』(東山書房)2月増刊号、『養護教諭LIFE 保健室の日常と実践のつながり』(市川恭平) ●『健康教室』(東山書房)5月号、木村純一「事後措置は工夫と温もりをもって」、津馬史壮「保健室の来室数」(談話室) ●『健康教室』(東山書房)6月号、津馬史壮「保健室の模様替え」(談話室) ●水島ライカ『保健室のせんせい。』(KADOKAWA ComicWalker、)連載スタート(取材協力：男性養護教諭友の会)
2019年	●2月1日、熊本日日新聞「男子の悩み、同性として　保健室の先生、男性も置いて　思春期に寄り添う環境を」(北田瞬) ●4月17日中日新聞(夕刊)「男性養護教諭奮闘を知って　漫画本になりました」 ●5月17日、毎日新聞「男性の保健室の先生　奮闘する姿、漫画に」(市川恭平) ●5月17日、毎日新聞(夕刊)「頑張れ保健室の男の先生」(市川恭平) ●6月3日、朝日新聞「自作の『境界線音頭』を授業で歌う養護教諭」(船木雄太郎) ●6月3日、秋田魁新報「男性が『保健室の先生』に秋田県公立学校で初」(加藤寛樹)		●『健康教室』(東山書房)1月号、津馬史壮「『わかる!』『やってみたい!』を高めるデジタル教材を使った歯みがき学習」 ●KADOKAWA、水島ライカ「保健室のせんせい。」(漫画単行本出版)

養成校教員からみた男性養護教諭

現職者となってからも学び続ける大切さ

鈴鹿大学こども教育学部 教授
川又俊則

　はじまりは「三重県で男性養護教諭が採用されない」ことを脱却したい思いからでした。私は2005年4月に短大へ着任し、最初の教え子も次の学年も、現役では男女とも不合格。卒業後数年で合格する女子はいましたが、男子は常にゼロ。他県の状況が気になりました。横堀・佐川先生を知り、篠田・大西先生など知り合いが増え、友の会も最初から参加。現職者に秘訣を学ぶため全国へ赴きました。教員免許状更新講習を担当し、共学開始時の卒業生などにも出会え、私立校や講師での勤務経験も伺いました。かもがわ出版の吉田さんに協力いただき、市川先生との共著『男性養護教諭がいる学校』を2016年に刊行できたことは、望外の喜びです。

　三重県内では初の養護教諭養成4年制大学として、2017年に鈴鹿大学こども教育学部を設置、学部長となった私は男女志望者の養成に努めています。10年前と比べ、男子学生の養護教諭志望に、校長・教頭・教諭・女性養護教諭など理解を深めているように感じます。大分県で3名、北海道で7名など（2018年度）、全国の男性養護教諭の増加も友の会などを通じて教えていただき、学生への叱咤激励にも役立っています。

　知り合った男性養護教諭志望者や教え子で採用試験に躓き、養護教諭以外に転じ、正規職を得て活躍されている方もいます。小学校など教育職もいますが、全く違う職種に進まれた方もいます。採用側の無理解ゆえのハンディキャップも推察されます。しかし、本書でも示されるように、個性的で魅力的な方々が現職者として活躍しているのも事実。ハードルを乗り越えるべく努力し続けることを学生の皆さんに伝えています（もちろん、女子学生にも同様に言っています）。

　現在私は、養成・採用・研修の研究をしています。離島もあり、東西南北に広がっている三重県では、都市部に一堂に会した研修が頻繁にできる環境ではなく、「ネットDE研修」など、インターネットを利用したものもあります。どのような研修が現職者に有効か、他県や栄養教諭など他の一人職のことも調べ、参考にしています。この友の会の研修会は、毎回、工夫を凝らした内容でクオリティが高く、多くの人に参加してもらいたいです。

　（私の研究対象の一つ宗教界で）知り合いの宗教指導者は養成校を卒業し、現場でさらに学びを深めています。多くの尊敬できる教職者たちも同様です。もともと教員は「絶えず研究と修養に励み、その職責の遂行に努めなければならない」存在です。人生100年時代、私も教育者の一人として、学会・研究会・講演会などを通じ、現職養護教諭の方々と学びあっています。学生の皆さん、教育界はやりがいのある素晴らしい世界ですよ。ぜひ、私たちの仲間になりませんか！

男性養護教諭に期待すること

兵庫大学健康科学部 講師
米野吉則

養成校教員からみた男性養護教諭

現在の学校教育には、いじめ、不登校、発達障害、貧困、外国籍の児童生徒といった多様な子供たちとどのように向き合うかという極めて多端な課題があります。子供が多様化するということは、一人ひとりの育ち方（発育発達）、育て方（教育）も多様化しているといえます。学校教育は子供の未来を創造する必要不可欠な社会的なシステムの1つですが、一部の子供に対しては十分に役割を果たしされていません。そのような今、子供の「教育を受ける権利」を保障するという教育の本質的な部分に価値を置き、多様化する子供たちと向きあう方法を考える時期に来ているのはないでしょうか。

子供自身も本質をつかまずに形式的な部分に囚われています。価値観が効率性に偏重し、小さな努力によって大きな成果を追い求めようとしています。これでは、挑戦心や強靭性、継続力、協調性が身につかず、自分さえよければ、今さえよければという思考の子供になってしまいます。成長するということは、決して穏やかなだけではなく、時には痛みを伴うものです。形式的な評価のみになったり、物事を効率性という物差しで測ったり、今だけを生きておればよいということでは、十分な成長は望まれません。

多様化する子供と向き合うため、だれに希望を持てばいいのか。それは養護教諭しかいないと考えています。養護教諭が多様化する子供を抱え込むということではありませんが、兵庫県男性養護教諭第一号である梅田氏の言葉を借りるならば「養護教諭は、学校（学級）で多様化する子供の課題に対応しきれない部分を担っている」ということです。養護教諭の歴史を振り返れば、トラホームによる洗眼から始まりました。この洗眼も当時の学校では対応できない部分だったはずです。つまり過去は公衆衛生的な課題であり、現在は心理的、社会的、経済的、国際的な課題へと拡大、変容しており、いつの時代も学校という場でその変化に対応してきたのは養護教諭でした。なぜ養護教諭が担ってきたのか。それはきっと子供を集団ではなく個別に、身体や心の痛みや苦しさといった訴えに寄り添ってきたからではないでしょうか。

多様な子供と向き合う者として養護教諭に期待していますが、特に男性の養護教諭に希望を見出しています。養成の立場にいますが、養護教諭を目指す学生はほとんど女性であり、看護師、保育士と同様に女性の職業モデルの1つとして選択しています。養護教諭が女性の職業という印象のままでは多様性に対応しているとはいえません。よりよい人材を養成するうえで、学生には多様な子供と向き合い寄り添えるという価値のもとで養護教諭を志望してほしい。そのためには男女の性にかかわらず輩出される状況が不可欠です。養護教諭は男性でなければいけないということではありません。養護教諭の0.01パーセントにすぎない、多様性から生まれたといえる男性養護教諭に注目することで、学校教育における多様化する子供と向き合うという課題が好転するのではないでしょうか。

養護教諭は女性職?

元養護教諭
野村美智子

「養護」の概念を漠然とさせたまま、1971年に養護教諭未配置の中学校に赴任した私は「養護とは」を求め続けてきました。私に示唆をくれたのはいつも子どもたちで、1985年から始めた健康診断実施時のプライバシー保護や、日本語理解が不十分な子どもや両親への支援、マルトリートメント対策などの実践を通して、養護するとは子どもの人権を守り保障するための基盤だと考えるようになりました。

2007年に養護実習生の市川恭平さんに出会い、「養護教諭は女性職?」について考える機会を得ました。女性養護教諭が多くを占める学校は、性的役割を刷り込む隠れたカリキュラムの場になっていると考えていたからです。彼の実習内容に、女性養護教諭の学校では取り組みが少ない男子対象の性指導があります。指導前調査や教材の手作り、指導後調査に加え、特別支援学級A児とその母親との関係性を深めたり、指導時にA児が女性担任を気遣うそぶりに気付き担任の退席を促したりして、A児の表情を読み取りながら一つ一つの指導を進める細やかな指導でした。その結果、A児の信頼を得ることができ、母親の熱心な勉強姿勢と深い受容の心を学ぶこともできました。通常学級の男性担任は「男子集団を対象にした性指導経験はなかったけれど、男性養護教諭が職能を生かした指導することは子どもたちにとって良いことだと思います。また、子どもたちが担任又は養護教諭を選択する権利についても考えさせられました」と評し、「子どもが指導者を選べる権利」について職員が気付くきっかけにもなりました。

養護教諭を性的役割で採用するのではなく「生きる・育つ・守られる・参加する」子どもの権利を守ろうと活動できる以下のような人を望みたいです。

①一人一人の子どもの背景(家族・生育・食生活・衣類・情報・教育・経済・医療・地域・居住環境・遊びなど)を正しく把握し、苦しい思いをしている子どもに寄り添う心を持っている。

②子どものデータを正確に集め、子どもの代弁者としてデータを活かすことができる。

③子どもを支援するための確かな養護診断能力と養護技術を持っている。

④子どもを支援するために、技術を磨き、研究する努力を惜しまない。

⑤職員と協調して仕事を進めることができる。

⑥自分ができないことは、専門医や専門機関などに協力を請う謙虚さを持っている。

⑦思い込みを排するために、研究し合える仲間を持ったり研究会に属したりして自分と異なる意見にも耳を傾ける謙虚さを持っている。

⑧"子ども第一"を信条とし事実を話せる正直な心と勇気を持っている。

chapter_07
男性養護教諭を取り巻く現実と課題

徹底解剖!

市川恭平
(愛知県・名古屋市立下志段味小学校養護教諭)

「これ以上、偏見の一人歩きだけは防ぎたい」

これが本調査を思い立った最大の理由です。「男は採用されない」、「男は特別支援学校以外は難しい」、「男で単数配置は無理だ」、「男性養護教諭には女子児童生徒が相談しにくい」、「男は女よりデメリットが大きい」このようなお声を数多く聞いてきました。そして、現職男性養護教諭の一人としていつも思うのです。

「全くそんなことはないはず」

この実感に説得力をもたせ、より客観的なデータとして示したい。この調査には、そんな全国の男性養護教諭の「願い」が込められています。全国の男性養護教諭経験者から、率直で具体的な生々しい回答が数多く届きました。結果については、読者の皆様と以降じっくりと読み解いていきますが、一部には驚かれるであろう記述も出てきます。決して誤解していただきたくないのであらかじめお断りしておきますが、現状を「批判」するつもりはありません。現状を知っていただき、より多くのデータをご覧いただいたうえで、男性養護教諭、ひいては養護教諭全体に対する見方や捉え方を考え直すきっかけとなれば幸甚です。

それでは、満を持して。徹底解剖、スタートです!

調査の方法

対象 男性養護教諭友の会に所属する男性会員のうち、養護教諭としての職歴が確認できた方(本採用、臨時採用を問わない)35人
時期 2018年12月17日～2019年1月11日
内容 郵送法を用いた質問紙調査
倫理的配慮 書面にて以下の点を確認したうえで、返送をもって同意とみなした。

①本調査で個人が特定されることはありません。収集したデータは統計処理し、記念本出版・研修会での発表以外には使用いたしません。
②回答者の不利益になるような取り扱いは一切いたしません。
③回答したくない質問は回答しなくてかまいません。
④本調査への同意は返信をもって得られたものとさせていただきます。

I_基本項目

・回収数（回収率）：31人（88.6%）

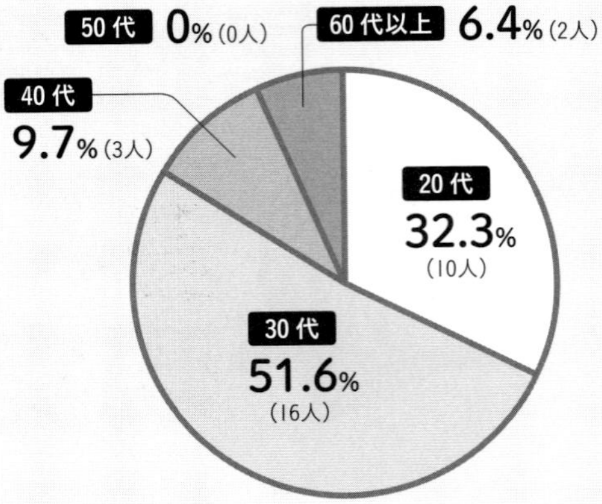

現在の勤務
回答数：31

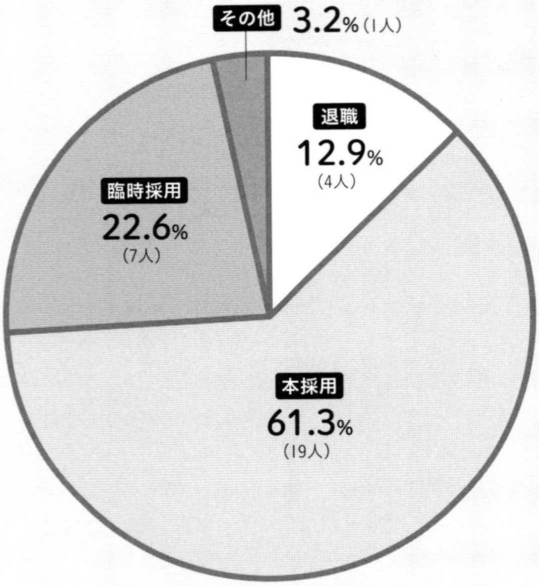

- その他 3.2%（1人）
- 退職 12.9%（4人）
- 臨時採用 22.6%（7人）
- 本採用 61.3%（19人）

※本採用のうち1人は、現在の勤務先（国公私）不明

年齢
回答数：31

- 50代 0%（0人）
- 60代以上 6.4%（2人）
- 40代 9.7%（3人）
- 20代 32.3%（10人）
- 30代 51.6%（16人）

本採用・臨時採用の国公私内訳
回答数：26

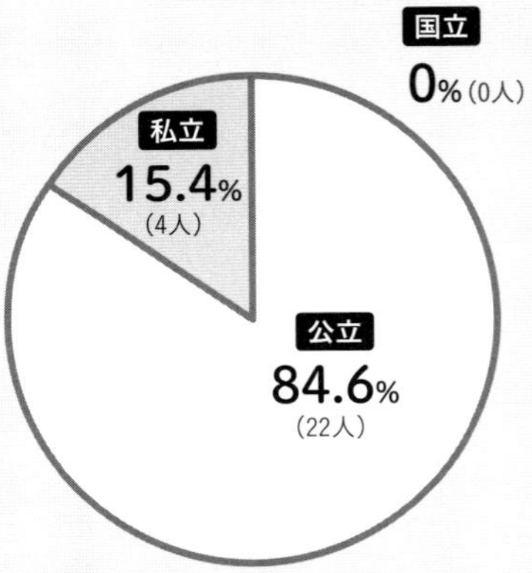

- 国立 0%（0人）
- 私立 15.4%（4人）
- 公立 84.6%（22人）

養護教諭免許
回答数：31

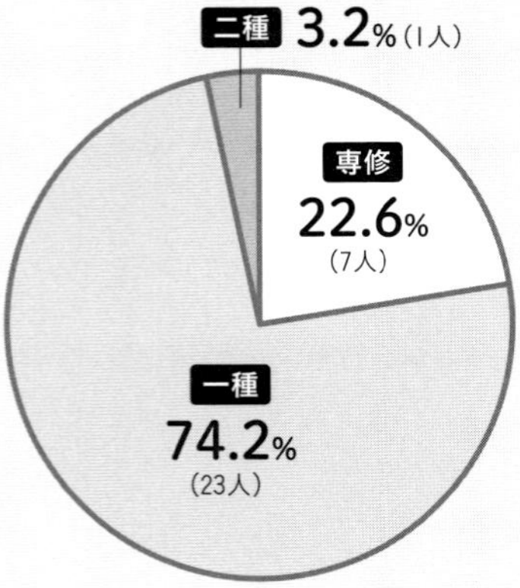

- 二種 3.2%（1人）
- 専修 22.6%（7人）
- 一種 74.2%（23人）

他の教員免許
回答数：31（複数回答）

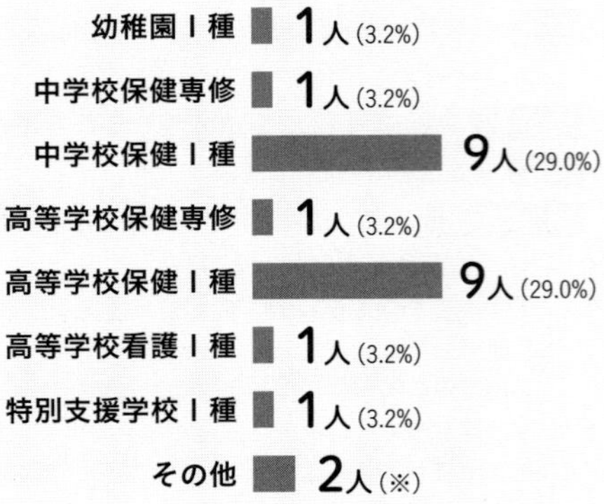

- 幼稚園I種　1人（3.2%）
- 中学校保健専修　1人（3.2%）
- 中学校保健I種　9人（29.0%）
- 高等学校保健専修　1人（3.2%）
- 高等学校保健I種　9人（29.0%）
- 高等学校看護I種　1人（3.2%）
- 特別支援学校I種　1人（3.2%）
- その他　2人（※）

※中学校保健体育専修・高等学校保健体育専修、中学校国語I種・高等学校国語I種

114

その他の資格
回答数：31

- 看護師 7人 (22.6%)
- 保健師 3人 (9.7%)
- 救急救命士 1人 (3.2%)
- 臨床心理士 0人 (0%)
- その他 7人 (※)

※ PEARSプロバイダー、日本赤十字救急法救急員、児童心理カウンセラー、認定心理士、学校心理士、思春期保健相談士、第一種衛生管理者、日本サッカー協会サッカーB級、フットサルC級指導者

経験者31人中、看護師免許の保有者は7人（22.6%）でした。また、他の教員免許についても多いもので9人（29.0%）であり、養護教諭免許のみを持つ人が17人（54.8%）という結果となりました。養護教諭の看護師免許保有率については、他の調査でも20.4%（岡田他、2010）、28.6%（丹、2009）、34.0%（丹、2016）、45.4%（細丸他、2015）とばらつきがあります。約20%と45%の差は大きいのですが、調査内容によって看護師免許保有者へ回答を強く誘引した可能性があります。判断が難しいところではありますが、これらの結果と見比べてみても男性養護教諭の看護師免許保有率が特別高いわけでも低いわけでもなさそうです。そして、このことから考えても、必ずしも複数の免許や資格を保持していることが採用につながりやすいというわけではないでしょう。

（文献）
- 岡田久子他「養護教諭が行う看護技術の実施状況と自信の程度」、高知大学看護学会誌 Vol.4、No.1、2010、43-49
- 丹佳子「養護教諭が保健室で行うフィジカルアセスメントの実態と必要性の認識」、学校保健研究、51、2009、336-346
- 丹佳子「重症事例における養護教諭の対応と観察の実態―非緊急対応群と緊急対応群における観察実施率の比較―」、学校保健研究、58、2016、215-226
- 細丸陽加他「養護教諭の救急処置過程における困難感について―外傷に対しての検討―」、学校保健研究、57、2015、238-245

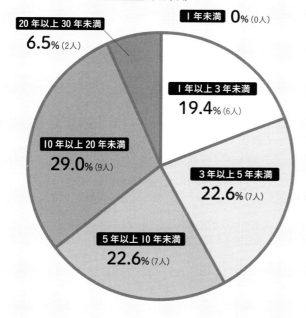

経験年数
回答数：31

- 30年以上 0% (0人)
- 20年以上30年未満 6.5% (2人)
- 10年以上20年未満 29.0% (9人)
- 5年以上10年未満 22.6% (7人)
- 3年以上5年未満 22.6% (7人)
- 1年以上3年未満 19.4% (6人)
- 1年未満 0% (0人)

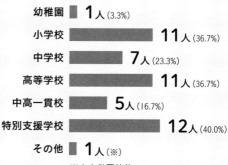

校種別経験
回答数：30（複数回答）

- 幼稚園 1人 (3.3%)
- 小学校 11人 (36.7%)
- 中学校 7人 (23.3%)
- 高等学校 11人 (36.7%)
- 中高一貫校 5人 (16.7%)
- 特別支援学校 12人 (40.0%)
- その他 1人 (※)

※小中併置校他

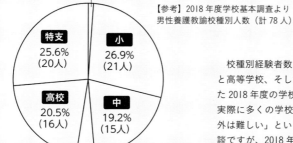

【参考】2018年度学校基本調査より 男性養護教諭校種別人数（計78人）

- 幼 3.8% (3人)
- 小 26.9% (21人)
- 中 19.2% (15人)
- 高校 20.5% (16人)
- 義務教育学校 3.8% (3人)
- 特支 25.6% (20人)

校種別経験者数では、特別支援学校が一番多かったものの、僅差で小学校と高等学校、そして中学校が続くといった結果でした。これは、併記しました2018年度の学校基本調査の結果からも大きくずれていません。こうして、実際に多くの学校種で経験されている結果を見ると、「男は特別支援学校以外は難しい」というのは、どうも間違っている見解のように思われます。余談ですが、2018年度は、2017年度から12人も増えています（18.2%増!!）。これは、近年まれに見ぬ増加となりました。今後にさらに注目です。

複数配置の経験

回答数：31（複数回答）

- 複数配置　26人（83.9%）
- 単数配置　19人（61.3%）

この結果には私自身も驚きました。単数配置経験者は19人（61.3%）もいるのです。ちなみに北海道には2018年度7人の男性養護教諭が勤務されていましたが、みなさん単数配置です。「男で単数配置は無理だ」。いいえ、無理ではないということです。

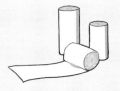

有効回答数：25（複数回答）

学校種と配置	複数配置		単数配置	
	人数（人）	割合（%）	人数（人）	割合（%）
小学校	5	25.0	4	30.8
中学校	3	15.0	0	0.0
高等学校	7	35.0	6	46.2
中高一貫校	4	20.0	0	0.0
特別支援学校	7	35.0	4	30.8
合計	20	—	13	—

さらに、調査で複数配置と単数配置を明確に分類できた人が、どのような校種を経験しているか表にまとめました。この結果からも、「特別支援学校以外は難しい」という見解は間違っていると言ってよいでしょう。単数配置については、この結果では小学校、高等学校、特別支援学校に限られています。しかし、本会主催の研修会ではこれまでにも、中学校単数配置経験のある方からお話をうかがってきました。ですので、現実に全くいないというわけではありません。そして、この単数配置の19人のみなさんがどのように働いていたのか気になりますね。さらに詳しい質問を、後ほど用意していますのでお楽しみに。

以上の基本項目を念頭に、これから、男性養護教諭の採用前、採用後、異動など、様々なステージでの経験について見ていきましょう。

なお、自由記述の引用は、個人の特定を避けるため、文意を損ねない形で一部修正しているところがあります。

2_ 養護教諭を志望した時から養護教諭として着任する時期までについて

着任までの経緯で

Q 養護教諭を志望した時や学生時代など、採用もしくは養護教諭として着任する時期までに、養護教諭を目指すことについて「男性ならでは」と感じるような対応や発言を受けたことはありますか？

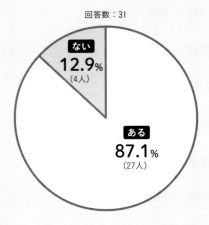

回答数：31

- ない 12.9%（4人）
- ある 87.1%（27人）

まずは、養護教諭を志望してから養護教諭として着任するに至るまでの経験です。高校などで進路を養護教諭に決めた時から、そして養成機関での4年間など、大多数の人は、「男性ならでは」と感じるような対応や発言を受けたことがあるという結果でした。そんな経験のある27人の具体例を見ていきましょう。

- 「男性は採用されない」という話を聞いた　19人（70.4%）
- 教員に進路を考え直すように言われた　6人（22.2%）
- 友人からの理解が得られなかった　5人（18.5%）
- 保護者に進路を考え直すように言われた　4人（14.8%）
- その他　8人（29.6%）

> **自由記述より**
>
> 「高校や大学から、『男性は採用されない』と言われる」という記述が散見される。また、教育委員会への問い合わせで「今のところ男性の採用は考えていません」との回答があった（30代）ことや、採用試験の会場で試験官などから「まだ採用は難しいかもしれないね」（30代）、「男性を採用したことがないのでうち（本自治体）では採用できない」（30代）と言われたとの記述があった。また、講師として勤務していた時に、校長から教育委員会の担当者から聞いた話として「採用は厳しいものがあるらしい。若い内に他の道も考えておいたほうがいいのではないか」（30代）と助言を受けたとの記述もあった。
>
> また大学の教員から「違う進路も考えながら将来を決めたほうがいい」と言われたり、親から「絶対苦労する」、「他の職ではいけないのか」、「あきらめたほうがいい」と言われたりした。中には「教師のセクハラがよくたたかれる時代だから、男性養護教諭の採用はますます厳しくなるだろう」と言われたという記述もあった。
>
> 友人からは冗談半分の場合がほとんどであるが「え、いかがわしい」、「けがの手当てを受けるなら女性養護教諭がいい」と言われたことがあるという記述があった。
>
> その他、派遣会社に問い合わせた際、「先方の学校は女性の養護教諭を求めている」と言われることが多く、エントリーすらできないことがあるという記述もあった。
>
> 大多数がネガティブな記述であった一方で、「新しい視点があってよい」、「これからは必要な時代がくる」、「ぜひ男性の養護教諭もいてほしい」、「教育実習、大学の先生などから応援され、先駆けとして活躍することを期待する言葉をいただいた」など好意的な記述も3人から寄せられた。

目を疑ったのは私だけでしょうか。養護教諭の募集要項には、性別の条件など付いていません。にも関わらず、教育委員会の関係者が「採用は考えていません」と答えたといいます。真偽のほどは確かめようがありませんが、参考までに全国の都道府県の男性養護教諭数を見ておきましょう（30年度日本地図）。各都道府県の受験者のうちの男性数や、資質能力の高さについても調べようがありませんが、男性養護教諭数は自治体によって様々です。しかし、9人の大阪、7人の東京、北海道からは「今のところ男性の採用を考えておりません」という回答はおそらくないでしょう。やはり、採用実績の有無が、発言内容に影響を及ぼすものと考えられます。

また、大学教員や親などからは、本人の将来を案じて「やめたほうがいい」と言われています。その時点での社会情勢を鑑みたその方なりのアドバイスなのかもしれませんが、目指す本人にとってはどう感じられるでしょうか。友人からの冗談半分での言葉も、蓄積すれば本人への精神的ダメージとなるでしょう。「大多数が女性」、「採用実績を聞いたことがない」、「看護といえば女性といった性的役割分業意識」このような考えから形作られるステレオタイプによって、苦しんできた経験をもつ人は多いことがわかりました。

一方で少数ではありますが、パイオニアを応援するという意味での好意的な声を受けてきた人もいました。しかし大多数がネガティブな意味で「男性ならでは」な経験です。裏返してみます。

「女性は養護教諭として採用されないよ」言われたことがある女性はいるでしょうか。これは、間違いなくいないでしょう。

※男性養護教諭の都道府県別配置状況
平成30年度学校基本調査より。数値は本務者・兼務者、養護教諭・養護助教諭を合わせたもの。

北海道7 青森1 秋田0 岩手0 山形0 宮城1 石川0 富山0 新潟5 福島0 福井1 岐阜2 長野0 群馬0 栃木0 山口2 島根3 鳥取1 兵庫2 京都2 滋賀0 埼玉1 茨城0 佐賀2 福岡0 大分3 広島3 岡山0 大阪9 奈良0 三重0 愛知3 山梨0 東京7 千葉1 長崎0 熊本3 宮崎1 愛媛0 香川0 和歌山0 静岡2 神奈川4 鹿児島1 高知0 徳島0 沖縄1

3_ 採用試験について

続いては、採用試験に焦点を当ててみます。

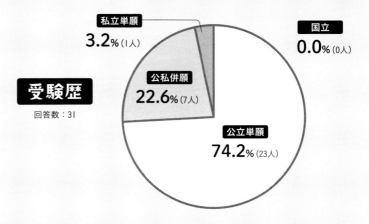

受験歴 回答数：31

- 私立単願 3.2%（1人）
- 国立 0.0%（0人）
- 公私併願 22.6%（7人）
- 公立単願 74.2%（23人）

受験年数

回答数：31

3年以内で半数を超えています。

- 1年 32.3%（10人）
- 2年 9.7%（3人）
- 3年 9.7%（3人）
- 4年 12.9%（4人）
- 5年 9.7%（3人）
- 6年 3.2%（1人）
- 7年 9.7%（3人）
- 8年 9.7%（3人）
- 9年 0.0%（0人）
- 10年 3.2%（1人）

現在公立本採用者が、採用試験合格までにかかった年数

回答数：15

- 1年 40.0%（6人）
- 2年 13.3%（2人）
- 3年 6.7%（1人）
- 4年 20.0%（3人）
- 5年 13.3%（2人）
- 7年 6.7%（1人）

2年以内で半数を超えています。ちなみに、現在私立本採用者が採用試験合格にかかった年数は、3人中3人が1年でした。

現在公立本採用者が、合格した年に受験した自治体や私立学校の数

回答数：15

- 1 60.0%（9人）
- 2 6.7%（1人）
- 3 20.0%（3人）
- 5 6.7%（1人）
- 10 6.7%（1人）

複数の自治体を受験する人より、一つに決めて受験する人が多いようです。

現在臨時採用者の現在の受験年数

回答数：7

- 3年 14.3%（1人）
- 4年 14.3%（1人）
- 6年 14.3%（1人）
- 7年 14.3%（1人）
- 8年 28.6%（2人）
- 10年 14.3%（1人）

現在臨時採用者の2018年度実施試験の受験数

回答数：7

- 0 14.3%（1人）
- 1 57.1%（4人）
- 2 14.3%（1人）
- 3 14.3%（1人）

養護教諭は、もとより性別に関わらず倍率が高く、狭き門となっている採用試験の一つです。採用試験の中で、性別に関わらずフェアにご自身のお力を発揮することができ、正規採用として迎え入れられることを、心よりお祈りしております。

採用試験時

回答数：31

　採用試験で「男性ならでは」と感じるような質問を受けたことがありますか？

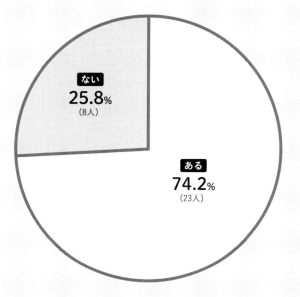

ない 25.8%（8人）
ある 74.2%（23人）

さて、狭き門である採用試験でも、多くの方が「男性ならでは」と感じる経験をしています。どのような内容の質問をされたのかを見ていきましょう（複数回答）。

- 女子対応について　16人（69.6%）
- 男性のメリットについて　10人（43.5%）
- 男性のデメリットについて　9人（39.1%）
- 健康診断の対応について　3人（13.0%）
- その他　1人（4.3%）

自由記述より

女子対応：「女子児童生徒が腹痛を訴えて来室したらどのように対応するか」、「女子生徒への救急処置、生理や身体の悩みなどでどのように対応するか」、「男性に抵抗がある女子生徒が一人で来室した際、どのように対応するか」、「生徒から男だと嫌だと言われたらどうするか」など枚挙にいとまがない。

健康診断：健康診断は「内科検診の時、あなたはどうしますか」というものが全てであった。

メリットとデメリット：「男性養護教諭ということでどのようなメリット／デメリットがあると思いますか」という質問も数多く記述されている。

その他：「男性養護教諭としてあなたは何をしたいですか」、「男性は何人いるかご存知ですか」、「性教育の具体的な方法について」などを聞かれたという記述もあった。

どのように答えたか

　女子対応については、「抵抗があったとしても、『腹部のどのあたりが痛いのか、いつから痛いのか』など、判断の材料になることを質問する。触診などを行った時も記録を詳細に残す」、「嫌だというのは、信頼関係が作られていない。そのため人間関係が作られる関わりをしていく」、「密室にならないようドアを開けるなどする」といった本人の工夫として考えられる記述や、「周囲の女性教員や管理職と協力して対応する」、「両性の複数配置の場合は特にチームで対応しているので、今後も真摯にチームで対応していく」といった他の教職員との協力として考えられる記述が多く見られた。

　健康診断については、「内科検診の実施方法は、学校医の指導を仰ぎ、衣服の着脱や養護教諭の位置などを再検討する」、「女性教員や管理職などと相談して、子どもによってよりよい方法を考え、実施する。子どもが不安に感じないように最大限配慮すると繰り返し話した」という記述が見られた。

　メリットやデメリットについては、メリットは「男子への性教育、男性モデルとなる」、「性に関する悩み等やひきこもりや自殺に男性が多いという面からも男性の心理に対する理解とアプローチはできると考える」という記述が見られた。デメリットは「女子への対応」、「『配慮しなければならないこと』はたくさんあると思うがデメリットという表現であれば、ないと考えている」との記述が見られた。一方、メリット／デメリットを通して「条件はすべてフィフティフィフティだと思う。特に性に関して男子は、女性養護教諭に99％相談できないでいるという例を話した」という記述も見られた。

　その他、男性であることについては「性の指導に関しては、同性の生徒には自分の経験を振り返りながら思いを受け止め相談に乗りたい」、「一養護教諭としてプロ意識をもって接することで信頼される大人であり続けたい」、「性によってプライバシーの確保等の配慮は行いたいと思います。しかし、基本的な対応に差はつけないように心がけます」、「困ったことがあったら、先輩の先生方や全国にいる男性養護教諭の仲間に相談します」との記述が見られた。

試験官からの質問に対する答えには、回答者ご自身の「養護教諭」という職への考え方が込められています。女子児童生徒が来室したときの対応、内科検診時の対応など、ほとんどが女子児童生徒の心情への配慮といえる質問です。「不安を軽減するための配慮」や、「人間関係・信頼関係を構築していくことの大切さ」、「養護教諭単独ではなくチームとして対応していく」といった誠実な回答は、女子児童生徒に限らずすべての児童生徒に対して必要な視点であると思います。

メリットやデメリットの質問に対しても、男子への対応や性に関する相談・指導の充実をメリットとしてあげたり、女子への対応をデメリットとしてあげたりしています。しかし一方で、「条件はすべてフィフティフィフティ」といった回答や「女子対応はデメリットというより配慮しなければいけないこと」といった回答が見られるように、単にメリットやデメリットの問題ではないというニュアンスの回答も見られます。

男性養護教諭の女子対応だけに困難があるかのように感じられる質問ですが、果たして本当にそうでしょうか。女性養護教諭に不安を抱く、女子児童生徒はいないのでしょうか。そもそも、児童生徒が不安を抱く原因は、養護教諭の「性別」なのでしょうか。私は、「性別」だけが不安の本質ではないと思います。この点については、続く調査結果とあわせて考えていきましょう。

余談ですが、逆質問「男子児童生徒が腹痛を訴えて来室したらどのように対応するか」、「女性養護教諭のメリット／デメリット」を問われる女性志望者はいるのでしょうか。私の周辺では聞いたことがありません。女性志望者がこのような質問を受けた場合、どのように答えるでしょうか。読者のみなさんだったらどのように答えますか。

さらに採用試験時

回答数：30

 採用試験時に「男性ならでは」と感じるような対応や発言を受けたことがありますか？

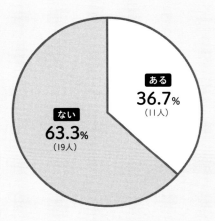

ある **36.7**% (11人)

ない **63.3**% (19人)

- 他の教科の試験は男女混合の名簿であるのに養護教諭は男女別であった　**2人** (18.2%)
- 一部の試験を男女別に行っていた　**2人** (18.2%)
- 男性であることに関する指示や声掛けがあった　**2人** (18.2%)
- その他　**5人** (45.5%)

面接官からの質問に比べたら数は多くありませんが、およそ3人に1人が「男性ならでは」の対応を受けています。受験番号については、他の教科は男女混合であるにも関わらず養護教諭のみ男女別で連番となっているならば、そこにはどんな理由があるのでしょうか。「分ける必要を感じなかった」（30代）という回答もあり、少なくとも受験者としては理由がわからないこともあるようです。直ちに問題だとは感じられませんが、ここに回答が4件あがってきている事実から考えると「違和感を覚える」ことではありそうです。

コンサート会場で、どこもかしこも女子トイレとなり女性が大行列をなす姿は見たことがあります。それでも、「男子トイレがない」という経験はありません。女性が多いことへの対応は当然必要です。女性トイレが増えることは合理的な配慮だと私も思います。きっとここにあげられた事例も、別フロアの男性トイレや、男性の更衣への対応方法については別途、説明があったと信じましょう。ただでさえ緊張する試験会場。試験以外のところで、いたずらに動揺させることのないようにしていただきたいものです。

自由記述より

受験番号については、「男性が連番で固められていた」、「養護教諭のみ、男女別の受験番号であった」などの記述がその他での回答を含めて4件あった。

試験方法については、集団討論において、「女性は養護教諭志望者のみでグループを組まれていたが男性のみ、特別支援学校教諭志望者との混合グループで行うよう指示された」との記述や、実技試験において、「受験番号が離れている男性が集められ先頭にされた。前年度は受験番号順であったため、疑問に思った」との記述が見られた。

「男性であること」に関連して、私立学校採用試験の校長面接の際に「男性を採用するにはこちらも勇気がいるということをわかってください」と言われ不採用になったとの記述があった。

その他、「試験会場のフロアが全て女子トイレで男子トイレがなかった」、「更衣室が準備されていなかった」などの記述がその他での回答を含めて4件あった。

4_ 進路変更について

進路変更 回答数：31

Q 養護教諭から進路変更を考えたことはありますか？

男性養護教諭を目指しながらも進路変更を考える。お答えいただいた15人が、それぞれどんな理由からなのか見ていきましょう。

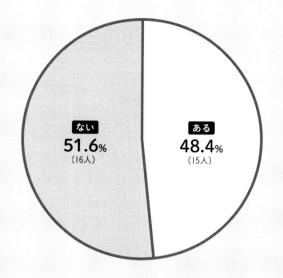

ない 51.6% (16人)
ある 48.4% (15人)

その理由
回答数：15（複数回答）

- 採用試験に合格できないから　10人 (66.7%)
- 「早く定職につきたい」という気持ちが強まったから　8人 (53.3%)
- 臨時採用の話がなかなかこないから　8人 (53.3%)
- 周囲からの「男性は採用されない」などの声を聞き、不安が強くなったから　4人 (26.7%)
- 他にやりたいことや就きたい職が決まったから　2人 (13.3%)
- 養護教諭になりたいという気持ちが弱まったから　0人 (0.0%)
- その他　2人 (13.3)

自由記述より

　周囲からの声として「悪意はなかったと思うが、10人程度（特に50～60代）の方に『やめておいたほうがいいのでは』というニュアンスのことを言われた」という記述があり、関連して「採用試験の不合格が続き、他の女子に臨時採用の話がくるのに自分だけ声がかからない」といった記述が散見された。
　また、「友人たちが定職に就き、結婚し、子どもができるなど幸せそうな姿をみて、自分は何をしているのだろうと不安になった」、「家族の状況や結婚などを考えると、進路について悩ましいときがある」、「結婚を考えると定職に就かないといけないと考えるようになった」として、看護師等の有資格者は病院勤務を考えたり、他の者は一般企業への就職活動を試みたりしているとの記述があった。

　これもまた「男性ならでは」といった側面もあるのではないでしょうか。「採用試験に合格できないから」というのは、通常であれば性別関わらずよくある話であると思います。しかし、加えて「臨時採用の話がこない」ことや、「男性は採用されない」という言葉を受けているなどしたら、採用試験に受からないことも「男性だからかもしれない」と不安に感じてしまうのも無理ありません。
　また、定職に就けないことやライフプランについての不安は、性別に関わらない部分もあると思いますが、「男は仕事！」という性別役割意識が根強い環境で育った男性にとっては、より強いプレッシャーとしてのしかかってくるのかもしれません。

実際に進路変更したか
回答数：15

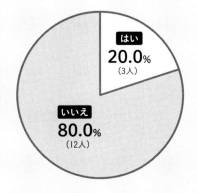

はい 20.0% (3人)
いいえ 80.0% (12人)

なぜ進路変更しなかったか

回答数：12（複数回答）

- 「どうしてもなりたい」という気持ちが強かったから　**8人** (66.7%)
- 友人や家族の応援があったから　**7人** (58.3%)
- 採用試験にすぐに合格したから　**5人** (41.7%)
- 高校や養成機関の教員の応援があったから　**3人** (25.0%)
- 経済的な心配がなかったから　**2人** (16.7%)
- 特に心配や不安に感じたことがないから　**0人** (0%)
- その他　**4人** (33.3%)

自由記述より

「友人や家族に本当に感謝している」、「母校での教育実習で指導してくださった養護教諭から全面的に肯定され『ぜひ養護教諭になってほしい』とエールを送られた」などの記述が見られた。また、「養護教諭以外にやりたいことが見つからない。どうしてもなりたい」、「一般企業の面接を受ける中で、『（養護教諭として）採用されたら会社を辞める』という気持ちが見透かされていたように感じ、『やはり自分は養護教諭として生きていくんだ』と腹をくくった」という養護教諭への熱意についての記述が多く見られた。

中には「全国の男性養護教諭の存在を知って、安心した」、「男性養護教諭の採用実績のある自治体を受験すればよいと考えることでポジティブになれた」という記述も見られた。

その他、「採用試験に合格したから」、「臨時採用の話がきたから」といった記述も見られた。

　もっとも多い、「どうしてもなりたい」という強い気持ち、そして、友人や家族、教員の応援など、精神的な支えが重要であることは明確でしょう。加えて、全国の男性養護教諭の存在を知ることや、男性養護教諭の採用実績のある自治体を受験すればよいと考えることでポジティブになっていた方もおり、本会が男性養護教諭についての情報発信を続けていくことに益々熱意が高まる思いです。

　「男は難しいのではないか」と言われることで不安がつのっていくことが多い中、「男性だから」という理由だけで、進路変更を余儀なくされる方が今後も出ないことを願っています。

　実際に進路変更をした3人については、調査では詳細はわかりません。他職に身をうつしながらも現在なお養護教諭を志望されている場合もありますし、他職に転向されご活躍の方かもしれません。いずれにしても、進路変更をしたお三方の、今後益々のご健勝とご多幸をお祈りしております。

5_ 勤務校での経験について

さて、ここからは、男性養護教諭経験者の方の勤務校での経験について振り返っていただきました。まずは何といっても「子どもからの反応」から見ていきましょう。

子どもからの反応

回答数：31

Q 子どもから養護教諭が男性であることについてポジティブなことを言われたことがありますか？

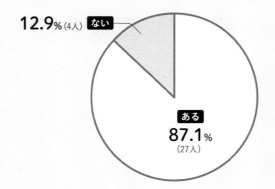

- ある **87.1%** (27人)
- ない **12.9%** (4人)

「男性養護教諭には相談しにくいのではないか」ということがいかに一面的な考えであるかを示す結果が出ました。大多数が児童生徒からポジティブなことを言われています。

回答数：27（複数回答）

- 男性だから相談できたと言われたことがある　**21人** (77.8%)
- 男性だから話しやすいと言われたことがある　**17人** (63.0%)
- 男性だから安心できると言われたことがある　**13人** (48.1%)
- その他　**7人** (25.9%)

> **自由記述より**
>
> 　男子児童生徒から「(性器打撲の手当てを受けて)男の保健の先生でよかった」、「男性だからこそ落ち着けるし話しやすい」、「男の先生だから本音で話せてよかった」、「(性に関しての)悩みを打ち明けやすかった」などと言われたという記述が多く見られた。女子児童生徒からも「(恋愛相談で)女の先生より男の先生のほうが男性のことをわかっているし相談しやすい」、「(虐待のカミングアウトについて)女性の先生には『あなたが悪い』と怒られそうで話すことができなかったけど、先生だから話せた」、「女性と話しているよりも冷静に話ができてよかった」などと言われたという記述が見られた。
>
> 　また、子どもから「男の人とか女の人とかあんまり関係ないと思う」、「男性もいるとうれしい」などと言われたという記述や、「話しやすかった、相談しやすかったということが性別によるとは考えていない」、「性教育の授業後、『○○先生(私)だったら何でも話せるしわかってもらえる』と男女両方の生徒から言われたことが、男だからなのか、キャラクターなのかは私自身よくわからない」という記述も見られた。

　まずは、学校の約半分を占める男子児童生徒からのポジティブな反応が多く見られます。また、女子児童生徒の「異性であるからこそ相談しやすい」といった内容や、「女性の先生には怒られると思った」という声からも、「女性=相談しやすい」という考えが一面的にすぎないことがわかります。そして、児童生徒が一つの答えを与えてくれています。「男の人とか女の人とかあんまり関係ないと思う」。また、「○○先生だったらわかってもらえる」という声は信頼関係を示すものであり、性別によるものではないと考えられます。男性養護教諭自身が記述しているように「これが、男だから話しやすいのか、キャラクターなのかはわからない」のです。男性だからいいところもあれば、「その人」だからいいところもあるのでしょう。これらの声から考えると「男性だから相談しにくい」という見方は児童生徒の現実から見たら「大人の思い込み」であることが示唆されます。

Q 子どもから養護教諭が男性であることについてネガティブなことを言われたことがありますか?

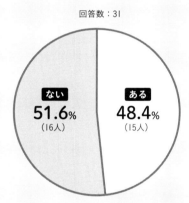

回答数:31
ない 51.6% (16人)
ある 48.4% (15人)

　一方で、「男性には相談しにくい内容がある」という現実も一部にはありそうです。

回答数:15(複数回答)

- 男性だから話しにくいと言われたことがある　8人 (53.3%)
- 男性だから相談できなかったと言われたことがある　2人 (13.3%)
- 男性だから心配だと言われたことがある　1人 (6.7%)
- その他　7人 (46.7%)

> **自由記述より**
>
> 　生理痛や生理用品への対応についての記述が8件見られた。その他、「『自然教室の引率はどちらの養護教諭か。自分は女だから女の先生がいい』と言われた」、「女子生徒の過呼吸が7人同時に発生したとき、同室では影響を受けて改善しないため、別室に移して対応していた。後日『男の先生に対応してほしくなかった』ということを、担任を通じて聞いた」といった記述も見られた。

　やはりといってもよいでしょう。女子児童生徒の月経に対する支援や、理由によっては女子児童生徒への対応については、男性では限界がありそうです。もちろん、個人的な信頼関係を前提として、男性養護教諭に衛生用品を借りに来る児童生徒もいれば、月経に関わる相談をしている児童生徒もいるということは、これまでの本会が行ってきた研修会などでも度々耳にしています。月経に関わる相談については、児童生徒から求められている以上、確かに養護教諭として専門的知識を生かした指導は可能です。それは、保健学習で二次性徴について指導するのが基本的には学級担任や保健体育科の教師であることから想像できるように、科学的な知識を与えること自体には、性別は関係ないはずです。一方で、例えば「衛生用品の話を開けっぴろげに男性に話す女子児童生徒」という姿が、適切かどうかについてはまだまだ議論の余地がありそうです。繰り返しますが、個人的な信頼関係を前提として、「この人だから相談したい」という児童生徒の気持ちは尊重される必要があります。気を付けなければいけないのは、児童生徒が、ネガティブな気持ちを抱きながらも、養護教諭であるという理由から「男性」を選ばなければいけないという構造となったときです。「単数配置について」で後述しますが、ここには男性養護教諭側の工夫や配慮があったり、学校組織というチームでの対応があったりするようです。

　さて、次は保護者の反応です。

保護者からの反応
回答数：30

ここでは、いかにこれまで「女児をもつ保護者の不安の声」だけがクローズアップされてきたかがわかる結果が出ました。続く保護者からの健康相談に関する質問とあわせてみていきましょう。

Q 保護者から養護教諭が男性であることについてポジティブなことを言われたことがありますか？

あると答えた人の具体的な内容は以下の通りです。
回答数：19（複数回答）

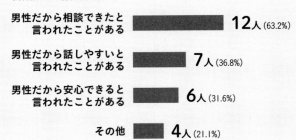

- 男性だから相談できたと言われたことがある　12人（63.2%）
- 男性だから話しやすいと言われたことがある　7人（36.8%）
- 男性だから安心できると言われたことがある　6人（31.6%）
- その他　4人（21.1%）

自由記述より

　選択項目と関連させた形で、自由記述欄には、「男児を子にもつ保護者から、思春期・性に関する悩みについて相談を受け、『男性がいてよかった』と言われた」といった記述が8件、「男性も女性も両方いてくれたほうが助かる」といった記述も3件あった。そのほか、「『（授業参観で）男性でも生理や女性の体についてまじめに話せる姿を見て、異性でも理解して子どもに話している姿がよかった』と言われた」といった記述や「『中学校の先生はどの先生も怖そうで、話しにくいと思っていたがそうではなかった』と言われた」といった記述が見られた。また、「女子生徒を一人で育てている父親から、父親として娘の性との向き合い方や悩み等を打ち明けられた際に『女性がだめという訳ではないけれど、やっぱり男性のほうが話しやすい』と言われた」という記述も見られた。

Q 保護者から男性であることを理由に健康相談を求められたことはありますか？

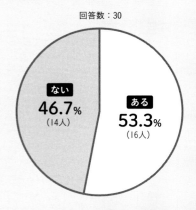
回答数：30

あると答えた人の具体的な内容は以下の通りです。
- 性に関する悩み　15人（93.8%）
- 育児に関する悩み　8人（50.0%）
- その他　1人（6.3%）

回答数：16（複数回答）

自由記述より

　男子生徒の母親から「息子の包茎についての相談をされた」、「二次性徴や性器を必要以上に触ることへの対応についての相談」、「自室で動画を視聴してのマスターベーションについての質問」など男性器についての相談や、「息子が家で何も話さなくなってしまった。反抗期の子どもに対しての接し方についての相談」、「思春期の接し方について聞かれた」など子どもへの関わり方についての記述が多く見られた。性に関する悩みについては「『なかなか相談できることじゃないから。父親もあてにならないし』とよく言われる」という記述も見られた。

近年、男の子の育児本や、男の子の性教育についての書籍が注目されつつあることからもわかるように、男子を育てる保護者の悩みも幅広く、深いです。内容としては、包茎やマスターベーションなど息子の性に関する悩みについて母親が男性養護教諭に相談する例が多いのです。そして後に続く言葉が「父親はあてにならない」果たしてこれが、父親の協力姿勢の問題なのか、夫婦間のコミュニケーションの問題なのか、教育観の違いなのかは知るよしもありませんが、男子の性の発達や健康について相談できる相手として男性養護教諭を選んでいることは間違いありません。

一方で、女子を育てる父親から、娘の性に関する悩みについて相談を受け「男性のほうが話しやすい」と言われたという例では、保護者と同性の養護教諭であることが相談のしやすさにつながっていました。このことは、父親が、子どもの健康について積極的に関わる機会を広げていくようにも思えます。わかりやすくいえば、「保健室に女性しかいないと相談にいきにくいけど、男性がいるなら相談してみようかな」という父親が増えるかもしれないという仮説です。

これらのことは、保健室に両性の養護教諭が存在することにより、より広くニーズに答えられるのではないかということを示唆しているようにも感じます。男性養護教諭の存在がより開かれた保健室経営につながったらと願うばかりです。

Q 保護者から養護教諭が男性であることについてネガティブなことを言われたことがありますか？

回答数：30

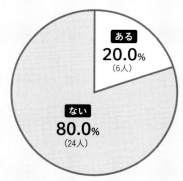

一方で、「男性には相談しにくい内容がある」という現実も一部にはありそうです。

回答数：15（複数回答）

男性だから心配だと言われたことがある	5人 (83.3%)
男性だから話しにくいと言われたことがある	0人 (0%)
男性だから相談できなかったと言われたことがある	0人 (0%)
その他	2人 (33.3%)

 自由記述より

「男性で月経指導ができるのか」といった女児への性教育についての心配に関する記述が4件見られた。また、『『けがや発作が起こったら、女の子の対応はどうするのか』と心配された」（30代）といった記述や『『うちの娘に何かするなよ。女の子が相談に来るの？ 行きづらいでしょ』と言われた」（20代）といった記述も見られた。

こちらも「やはり」です。娘のことを大切に思う親からの純粋な気持ちでもありますから、重要なことは、多くの男性養護教諭が日頃から工夫して取り組んでいる信頼関係の構築です。現状では、そのような不安の声に対して、安心していただけるよう一つ一つ丁寧に対応し続けていく必要があるでしょう。

同僚からの反応

回答数：30

Q 同僚（養護教諭を除く）から養護教諭が男性であることについてポジティブなことを言われたことがありますか？

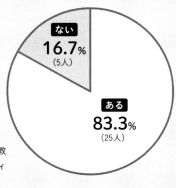

赴任前は何かと不安がられる男性養護教諭。しかし、実際の勤務校の同僚はポジティブに捉えている方が多いようです。

あると答えた人の具体的な内容は以下の通りです。

回答数：25（複数回答）

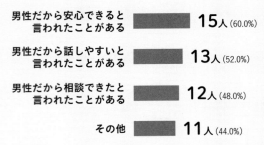

- 男性だから安心できると言われたことがある　15人(60.0%)
- 男性だから話しやすいと言われたことがある　13人(52.0%)
- 男性だから相談できたと言われたことがある　12人(48.0%)
- その他　11人(44.0%)

　まずは、男子児童生徒についての対応の充実があげられています。子どもの反応や保護者の反応でもあげられていたことをあわせて考えると、男子児童生徒への対応の充実が、同僚から見てもポジティブに捉えられていることがわかります。また、男性保護者の例でもあったように、男性教諭が感じる、保健室への「入りやすさ」という点でも好意的な声が寄せられています。保健室への入りやすさは、養護教諭への相談しやすさにもつながります。これらのことからも、自由記述にあるように男女両方の養護教諭がいることで、より開かれた保健室経営につながっていることが示唆されます。

自由記述より

　「男性養護教諭がいると、男子生徒は今まで以上に体のことや性に関することを保健室に相談に行きやすくなるだろうから、安心して任せられると言われた」（中高一貫校）、「男性器についての相談がしやすい」（特別支援学校）といった男子生徒の対応についての記述が多く見られた。さらに、「生徒も男子と女子がいるので、養護教諭も男性と女性がいるのが生徒にとってもよい」、「男女両方いてくれるといろんな方向から子どもを見られてよいと言われた」（中学校）といった記述も見られた。また、男性教諭から「保健室に男性がいると入りやすい」（中高一貫校）、「湿布など、男性教員の救急処置について頼みやすい」（高等学校）などと言われたという記述も見られた。

　その他、「女性同士だと本音の部分で引いてしまうことが多いが『先生だとぶっちゃけ話しやすい』と言われた」（特別支援学校）、「フットワークが軽く、一緒に仕事をする上で助かる。担任としても、おっくうな気持ちにならず協力をお願いしやすい」（高等学校）といった記述も見られた。

Q 同僚（養護教諭を除く）から養護教諭が男性であることについてネガティブなことを言われたことがありますか？

回答数：31

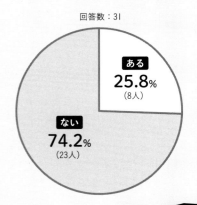

ある 25.8% (8人)
ない 74.2% (23人)

　しかし、残念ながらネガティブな声も全くないということでもありません。

回答数：8（複数回答）

- 男性だから心配だと言われたことがある　4人(50.0%)
- 男性だから話しにくいと言われたことがある　2人(25.0%)
- 男性だから相談できなかったと言われたことがある　1人(12.5%)
- その他　4人(50.0%)

自由記述より

　「異動した初日に『女性の養護教諭に来てほしかった』と言われた」（30代）、「50代の女性教諭から『女性の生理用品が借りられない。緊急時の対応はどうするの』と言われた」（20代）、「50代の男性教諭に女子生徒への対応について心配されたことがある」（20代、高等学校）、「『男性だと女子の悩み相談はしにくいよ。性別は関係ないと言われているけど実際は違うよね』と言われた」（20代、小学校）、「『複数配置でないと、女の子の対応とか難しいよね』と言われた」（30代、小学校）などの記述が見られた。

　記述内容は、赴任してすぐのものが多く、経験したことがないことへの不安の声が寄せられています。採用前にかけられていた声と共通するものが多く、衛生用品への対応、女子児童生徒への対応、女子児童生徒の相談しづらさなどがあげられました。しかし、女子児童生徒への対応については前述の通りで、直ちに困難とは考えられず、勤務する中で不安が解消されるケースが多いと思われます。

同僚（養護教諭を除く）から男性であることを生かした保健指導や保健学習を求められたことはありますか？

「男性であることを生かした」という言葉が、玉虫色のように捉え方の難しい言葉ですが、そう感じたことのある男性養護教諭が半分近くいました。

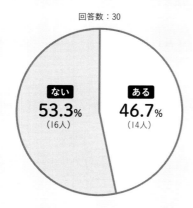

回答数：30

ない **53.3%** （16人）
ある **46.7%** （14人）

性に関する学習　**14人** (100.0%)
人権に関する学習　**3人** (21.4%)
その他　**1人** (7.1%)

回答数：14（複数回答）

自由記述より

「男女分かれて行う二次性徴についての保健指導での男子への指導」、「女子生徒と性的なトラブルを起こしてしまった男子生徒への個別指導をする中で、『異性との関わり方や性的接触に関する指導をしてほしい』と依頼され、行った」、「性的問題行動が見られる男子生徒への、性に関する個別の保健指導を担任と保護者から依頼され、共通理解を図りながら集中的に行った」など、特に男子への性に関する指導についての記述が多く見られた。その他「男女平等・共生、人権に関する授業」、「性別が偏っている職業について」などの授業に協力したという記述も見られた。

「ある」と答えた全ての人が性に関する学習をあげています。男子集団への指導や、性的問題行動のある男子生徒への個別指導を依頼されたケースが多いようです。社会問題から見て、性犯罪の加害者のほとんどが男性であることを踏まえれば、男子児童生徒への踏み込んだ性に関する指導や、性に関する指導自体の充実は、必要不可欠なのかもしれません。同じ男性として共感を示しながらも望ましい行動について寄り添って考えていく取り組みは、女性では限界があります。もちろん、そういう点では女性の性被害に関する寄り添いなどは男性に限界があり、逆また然りなのです。一つ一つの実践が、「男性ならでは」の取り組みなのか、「養護教諭ならでは」の取り組みなのかは、実践を行うに至った背景や児童生徒の実態などを総合的に考えて、丁寧に整理していく必要があるでしょう。

もう一つ重要な視点として、マイノリティという点で人権や進路の学習で題材となることもあるようです。ここで一度、「養護教諭は女性の仕事」というステレオタイプがいかに形作られるかということについて考えてみます。みなさんの多くが「養護教諭は女性の仕事」と捉えている最大の理由は、きっと「小学校、中学校、高校の養護教諭が女性だったから」ではないでしょうか。間接的に影響を与えているものとして、例えば病気で学校を休んだ時看病してくれたのは「母親」ではありませんでしたか。誤解をしないでください。女性がいけないとかそういう話では決してありません。私が言いたいのは、「自分が出会った養護教諭がずっと女性であって、看護してくれるのはたいてい女性だった」という経験がその人の「養護教諭は女性の仕事」という認識を作り出しているのかもしれないと考えることが重要だということです。教育の世界では「隠れたカリキュラム」と言われ、知らず知らずの内に児童生徒に刷り込まれ学習されていくことを指します。他には、学校では「家庭科教師は女性」、「生徒指導の怖い先生は男性」、学校外では「消防士は男性」、「外科医は男性」、「看護師は女性」などでしょうか。では、これらの職業は他の性別では務まらないのでしょうか。私の答えはNO！です。このような視点を児童生徒に気づかせ、考えさせることができるといった点で、男性養護教諭の活用が広がるといいなと思います。

6_ 複数配置について

一緒に働くもう一人の養護教諭からの声、貴重です。

複数配置の経験

回答数：26（複数配置経験者）

Q もう一人の養護教諭から、両性の養護教諭で保健室経営を行うことについてポジティブなことを言われたことがありますか？

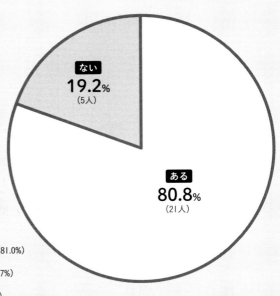

ない **19.2%**（5人）

ある **80.8%**（21人）

「ある」の具体的な内容は以下の通りです。

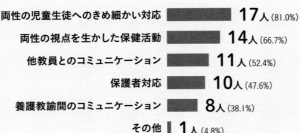

両性の児童生徒へのきめ細かい対応　17人（81.0%）
両性の視点を生かした保健活動　14人（66.7%）
他教員とのコミュニケーション　11人（52.4%）
保護者対応　10人（47.6%）
養護教諭間のコミュニケーション　8人（38.1%）
その他　1人（4.8%）

　男子児童生徒への対応の充実は、養護教諭間でも認められることがわかりました。それだけでなく、両性の養護教諭がいることによって、対応できる幅が広がり、保健室経営がやりやすくなるといった実感の声が多く集まっています。このことから、男女養護教諭が複数配置されている保健室では、互いの性と養護教諭の職務との関わりに気づき、議論する機会が生まれ、場合によっては児童生徒への保健活動に生かされていることが示唆されます。

　初めて男性養護教諭と共に働く女性養護教諭（ほとんどの場合は初めてだと思いますが）から、よく耳にする言葉として「そんなこと考えたこともなかった」というものがあります。女性の視点というものが仮にあるとして、そこに男性の視点が入ってきて、今までの視点では考えられなかった考え方、働き方、児童生徒や保護者や他の教職員への関わり方を目の当たりにします。それが男性視点なのか、その人のキャラクターなのかは完全に分離できないところもありつつ、当事者にはいわば「異文化交流」とでもいうような体験となるのです。それが「対応できる幅の広がり」として表現されるのでしょう。

　女性集団特有の難しさのなかに「風通しのよさ」を感じさせる、いわば風穴をあけるかのような役割も、目の前の児童生徒への対応にポジティブに働き、「養護教諭」という職の専門性の深化に一役買うことができるのであれば決して悪いものではないでしょう。ただし、実体のない単なる印象についての議論には慎重でなければなりません。女性への偏見と捉えられることは全く本意ではありません。そんな中で、男性（異なる視点）の存在が、集団に対してプラスに働くという現実が少しずつ広がっていくことを願っています。

自由記述より

　両性の養護教諭がいることによって「男子生徒の負傷時に、部位によっては同性に診てもらうほうが生徒も緊張しないと思うので任せられると言われた」、「男子生徒が保健室に相談や話をしにくることが多くなった」、「両性の養護教諭それぞれに対して生徒が見せる様子の違いを、性別の違い等をふくめて共有できるため、より個に応じた対応が可能になる」、「男性が入ることで違った見方や考え方で保健室経営が以前よりやりやすくなった。あまり来室してこなかった先生が保健室に入ってくるようになった」、「生徒の選択肢が増えてよい」、「子ども・保護者・職員のニーズに対応できる幅が広がる」といった記述が見られた。

　男性がいることによって「女性だけではよくない部分においても風通しがよくなると言われた」、「『これ、相方が女だったら言えなかったなぁ』と率直な議論ができることのよさについてはよく言われた」、「男性養護教諭がいることで、男性が多い職員室の先生方と情報共有しやすくなったと言われた」といった記述が見られた。

　保護者対応としても「保護者にとっても安心するようで、相談内容によって選択する方がいた」という記述が見られた。

Q もう一人の養護教諭から、両性の養護教諭で保健室経営を行うことについてネガティブなことを言われたことがありますか？

回答数：26（複数配置経験者）

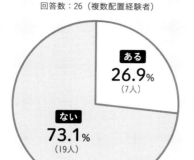

ポジティブな内容ばかりではありません。

- 養護教諭間のコミュニケーション　2人（28.6%）
- 両性の視点を生かした保健活動　1人（14.3%）
- 保護者対応　1人（14.3%）
- 両性の児童生徒へのきめ細かい対応　0人（0%）
- 他教員とのコミュニケーション　0人（0%）
- その他　4人（57.1%）

自由記述より

「最初に男性が来ると言われたとき、とても心配だったと言われた」との記述があった。「男性と女性では考え方、視点が異なることが多く、意見が割れてまとまらないことがある」、「一人の人間として保健室経営や生徒観の違いがあることは仕方がないことだと思うが、そうした『違い』のすり合わせに関して、お互いの『違い』をすり合わせようとする人とそうでない人がいる」との記述があった。

　初めに不安を感じる点は、他の同僚と同じかもしくはそれ以上かもしれません。しかし、「最初に男性が来ると言われたとき、とても心配だったと言われた」と記述している方は同時に「男子生徒が保健室に相談や話をしにくることが多くなった」とも言われており、その後にメリットも見出されていました。時間とともに、不安はなくなっていくことも多いと考えられます。何せ勤務時間のほとんどの時間を共にすごすのですから。もしかしたら、家族といるより長い時間かもしれません。そう考えると、「男性だから」心配なのか「どんな相手かわからないから」心配なのかはわかりません。他の記述を見ても、「男性であること」よりも複数配置で協力して職務にあたる上での困難として考えられる内容です。

　複数配置そのものにも課題はあります。単数配置はいわば「一国一城の主」、そして複数配置はいわば「異文化交流」なのですから。どちらを好むかは人それぞれかもしれません。ただし、「チームとしての学校」が重視され、養護教諭が「コーディネーター的存在」として注目されている現在の状況から考えれば、「一国一城の主」であっても、「鎖国」をすることは望ましいことではないでしょう。連携や協同が求められている社会では、考えの違いを乗り越えることができる人材が男女関係なく必要になっていくはずなのです。

7_ 職務上感じること

男性であるメリット

回答数：31

Q 職務上、男性であることにメリットを感じたことがありますか？

　さて、これまでは周囲の人から男性養護教諭が受けてきた声でしたが、ここからは男性養護教諭自身の声です。「男性であること」のメリットをどう考えているのでしょうか。

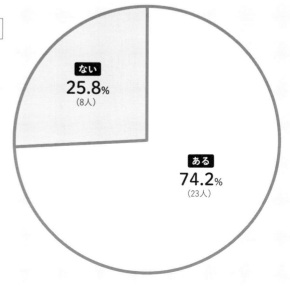

男性でメリットを感じたこと

回答数：23（複数回答）

- 健康相談・健康相談活動に関すること　12人 (52.2%)
- 救急処置及び救急体制の整備に関すること　11人 (47.8%)
- 保健指導・保健学習に関すること　9人 (39.1%)
- 保健以外の校務分掌や仕事　7人 (30.4%)
- 保健室経営に関すること　5人 (21.7%)
- 健康診断に関すること　4人 (17.4%)
- 学校保健情報の把握に関すること　2人 (8.7%)
- 学校環境衛生に関すること　0人 (0.0%)
- 学校保健に関する各種計画や組織活動への参画に関すること　0人 (0.0%)
- 感染症等の予防に関すること　0人 (0.0%)
- その他　8人 (34.8%)

自由記述より

保健指導・保健学習については、健康相談・健康相談活動にも関連しているが「性に関する指導、生徒指導」、「同性だからこそ説得力や共感をもって指導できること、異性だからこそ、冷静に指導できることもある」、「自慰行為の相談があったり、包茎に関する悩みがあったりした」、「男子生徒が安心感をもって話をしているように感じられる」、「男子生徒の性に関する健康相談や個別の保健指導、暴力に対する生徒指導と連携した心の保健指導などは、同性として関わることで子どもの不安の軽減につながり、効果的な学習となったと感じた」という記述が見られた。

救急処置については、「けがをした部分が女性に見せづらい場所（股間、尻、太ももの付け根）では女性に見せたくないという男子生徒もいた」、「緊急時の生徒の移送が速い」、「保健室内でハサミを振り回すなど情緒不安定になってしまう子どもへの対応では男性のほうが安全だと思った」という記述が見られた。

健康診断では「女の先生の前で脱ぎたくないという生徒がおり、男性養護教諭が男子の記録に入ってよかったと思った」といった記述が見られた。

そのほか、「運動部の主顧問を積極的に任せられる男性は貴重だと考えられている」、「男性の同僚が多いため、関係性を築くことはスムーズなのかもしれない」、「学校内や関連・協力機関との連携を図る上で、人とのつながりを作っていく際に男性のほうがより距離を縮めやすいように感じる」、「職員室内でのコミュニケーションが取りやすくなったことで、保健室経営が円滑になったと内外から言われた」、「男性であるということよりも、男女の複数配置であるということが最大のメリットであると感じる。分担できる。（父母としての）ロールモデルになる」といった記述が見られた。

保健指導や保健学習、健康相談や健康相談活動においては、男子児童生徒にとって「同性であること」が、説得力や児童生徒への共感の高さ、安心感につながっていると考えられます。また、女子児童生徒にとって「異性であること」が、冷静な指導につながるとも感じています。つまり、「男子児童生徒にはメリットだけど、女子児童生徒にはデメリット」と単純に捉えているわけではなく、児童生徒の性別との組み合わせでもそれぞれメリットやデメリットがあると感じているようです。

救急処置においても、健康診断においても、女性に見せたくない部位が男子児童生徒にもあり、その対応で安心感を与えるというメリットがあることがわかりました。全国の学校の99％以上に、女性養護教諭が配置されていますが、児童生徒は男女が約半分ずつ在籍しているはずです。女子児童生徒の相談しにくさが問題になっても、男子児童生徒の相談しにくさが問題視されたという話は聞いたことがありません。不思議だと思いませんか。「男は我慢」なのでしょうか？「声があがらないこと＝問題がないこと」と捉えることはナンセンスです。その点で、両性の養護教諭がいれば、それだけ幅広いニーズをすくい取ることができるでしょう。単数配置の場合には、すくい取り切れていない隠れたニーズが存在していると考えてみてください。だから、これからは「チームとしての学校」なのでしょう。「男性養護教諭の限界」なのではなく、「単独で対応することの限界」なのです。男性の存在は「男性であることのメリット」だけでなく「両性いることのメリット」につながっているとも考えることができます。

男性であるデメリット

回答数：31

Q 職務上、男性であることにデメリットを感じたことがありますか？

男性養護教諭自身は、「男性であることのデメリット」をどう捉えているのでしょうか。

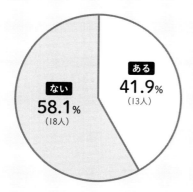

ある 41.9%（13人）
ない 58.1%（18人）

感じたデメリット

回答数：13（複数回答）

- 健康診断に関すること　　　　　　　　　10人 (76.9%)
- 救急処置及び救急体制の整備に関すること　6人 (46.2%)
- 健康相談・健康相談活動に関すること　　　4人 (30.8%)
- 保健指導・保健学習に関すること　　　　　2人 (15.4%)
- 保健室経営に関すること　　　　　　　　　1人 (7.7%)
- 学校保健情報の把握に関すること　　　　　0人 (0.0%)
- 学校環境衛生に関すること　　　　　　　　0人 (0.0%)
- 学校保健に関する各種計画や組織活動への参画に関すること　0人 (0.0%)
- 感染症等の予防に関すること　　　　　　　0人 (0.0%)
- 保健以外の校務分掌や仕事　　　　　　　　0人 (0.0%)
- その他　　　　　　　　　　　　　　　　　0人 (0.0%)

自由記述より

最も多い健康診断では「内科検診で女子生徒の時に立ち会えないこと。女性教師にお願いしないといけない」、「内科検診の時、女子の時は外で待機だったため、学校医に検診で直接聞きたいことが聞けなかった」、「男女分かれての検診（内科検診や心電図等）の会場はどうしても女性に依頼することになるため、十分な準備が必要である」、「職員の理解を得るために子どもへの配慮をその都度説明することが何度かあり、効率的でない手続きを男性であることが理由で求められることがデメリットであると感じる」、「内科検診については女子生徒への配慮が必要。しかしこれは『男子生徒を女性養護教諭がみることについて』なども併せて問い直したいところではある。世の中の理解の問題でもあると思う」という記述が見られた。

また、女子対応として「救急処置で腹部の痛みなどの触診はやはり抵抗がある」、「女子生徒の生理への対応」、「デメリットというより実施上の注意点だと思うが、女子生徒からの相談については、特別な感情が生まれる『転移』についてしっかり認識し、予防的な対応を行わないと、効果的な健康相談や保健指導につながりにくくなるという実感がある」といった記述が見られた。

内科検診の実施方法や男性養護教諭の関わり方については、学校によって様々です。女子児童生徒の時に退室する例もあれば、パーテーションなどで見えないようにして女子児童生徒の不安を軽減している例、女子児童生徒の時には背後に立つ例などです。児童生徒への配慮はもちろん必要ですが、少し別の角度で考えてみましょう。

「内科検診における養護教諭の職務とはなんでしょうか」学校医は男性であっても女子児童生徒の聴診をしますが、問題にはなりません。なぜならば「それが仕事だから」です。そして「代わりがきかない」からです。同様に養護教諭についても考えてみましょう。内科検診を受ける児童生徒の情報を整理し、検診に立ち会い、記録を取って事後措置を行う。「それが仕事」であって、「代わりがきかない」のであれば正当な職務なので方法を工夫して実施すべきだと思うのです。聴診についても近年ではシャツを脱がないで実施している例を多く聞きます。また、「皮膚の健康状態を確認するのも職務だ」と学校医が捉えていれば上半身裸での実施も理屈の上では成り立ちますし、そういう学校も全国にはあるでしょう。一方で、問題になるからといって内科検診を行わない学校はありません。養護教諭の場合も、検診に立ち会い、記録を取って事後措置を行うことが「代わりのきかない」場合には男性であっても実施するしかありません。そこでどのような配慮をするかが重要です。医療の世界でも様々な工夫が見られます。男性の産婦人科医が女性の乳房を触診する場合やエコーなどの検査をするときに、女性職員（多くは看護師）を同室させているといった例がまさにそれです。男性養護教諭の場合も、「単数配置について」で後述されるように、女性教職員を同席させて内科検診を行っている例があげられています。退室するのではなく女性に同室してもらい、女子児童生徒の不安を軽減する工夫をして、職責を果たしているのです。

とはいえ、養護教諭の職務遂行を最優先にして、児童生徒の心情を後回しにすることは第一に養護教諭自身が意図することではありません。そして、配慮や工夫が周囲に伝わらなければ保護者の不安につながることも考えられます。ですから「仕事なんだからやって当たり前」という、そう簡単な話でもありません。現状では、内科検診をいかに実施するかについて女性養護教諭以上に工夫や配慮を求められるという現実が、「男性であることのデメリット」なのでしょう。今後の議論の深まりを期待します。

8_ 単数配置について

ということで、お待ちかねの単数配置での配慮や工夫についてです。

男性の単数配置

回答数：18（単数配置経験者）

　男性の単数配置であることに配慮して、工夫していることはありますか？

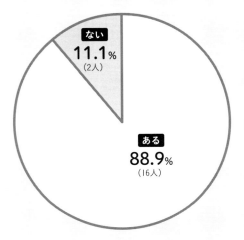

ない **11.1**%（2人）
ある **88.9**%（16人）

「ある」と回答した具体的な内容は以下の通りです。

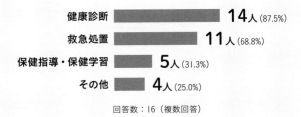

健康診断　14人(87.5%)
救急処置　11人(68.8%)
保健指導・保健学習　5人(31.3%)
その他　4人(25.0%)

回答数：16（複数回答）

男女の養護教諭による役割分担ができないため、女子児童生徒への救急処置についても、前述した内科検診のように「それが仕事」であって「代わりがきかない」以上、必要な配慮や工夫をした上で職責を果たさなければなりません。丁寧な声掛けや表情をよく観察するといった児童生徒の不安を軽減する目的で養護教諭が直接行う配慮、プライベートゾーンへの対応は複数人で確認・対応するといった誤解を招かない工夫などは、必要不可欠と言えるでしょう。しかし、繰り返しになりますが、最も重要なことは、これらの配慮や工夫が、本来は異性への対応だけでなく全ての児童生徒への対応に必要だということです。同性だからといって「丁寧な声掛け」が必要ないはずがありません。人に対する関わりである以上、児童生徒の心身の状態をくみ取り、尊重する姿勢は全ての養護教諭がもつべきものではないでしょうか。女子の月経についても、選択肢が男性養護教諭しかない場合、勇気をもって衛生用品の貸し出しを依頼してくる女子児童生徒もいるでしょう。そんな時には「言いにくいことを言ってくれてありがとう」という気持ちを、男性養護教諭には必ずもっていてほしいし、場合によっては伝えてほしいと私は思います。その瞬間その瞬間で「養護教諭」として取れる最も誠実で真摯な対応を心掛け続けることしか、私たちにはできないのですから。

> **自由記述より**
>
> 救急処置については「触診するときに『触ってみてもいい？』と声掛けをしている」、「処置のために身体に触れる必要があるときは、声を掛けつつ表情や雰囲気をくみ取りながら行っている」、「プライベートゾーンへの対応は、複数人で確認・対応する」、「必要な際には、きちんと根拠を示して毅然とした態度で行うよう心掛けた」、「場合によっては女性教師に協力を依頼する」といった記述が見られた。
>
> 健康診断については「内科検診時には女性教師に同席してもらった」、「検診の場が見えないようにパーテーションを活用した」、「内科検診の際は、校長や担任と相談して、服を脱がさずに検診する校医だったので、女子生徒の時は背中側に立つことにした」、「女性教師に記録をお願いした」、「健康診断実施計画を見直した。担当が男性養護教諭で問題ないか管理職に確認した。また他の教諭にも話をして共通理解を図った」、「女性教職員の配置が０人となったため、女子生徒らに直接相談して、検診の実施方法を見直した」などの記述が見られた。
>
> そのほか、「一人で抱え込まず、気にかけ、気づかい、丁寧に対応する。女性教師や管理職との連携の中で対応していく。養護教諭として真摯に対応する」、「女子の生理現象に対する対応は、一言一句に気を配り、丁寧に行っている」などの記述が見られた。

9_ 教員としてのキャリアについて

少し視点を変えて、部活動や実践発表経験、異動についてなど、幅広くキャリアについて尋ねました。

部活動について
回答数：31

Q 部活動の顧問を経験したことはありますか？

- ない 35.5%（11人）
- ある 64.5%（20人）

「ある」と回答した具体的な内容は以下の通りです。
- 運動部　16人（80.0%）
- 文化部　8人（40.0%）
- その他　1人（5.0%）

回答数：20（複数回答）

回答者の半数は、運動部の顧問を経験しています。（女性）養護教諭の割合と比較できないのが残念ですが、私の感覚だと多いです。これも「男性ならでは」なのかもしれません。

実践発表・講演等の経験（地域）
回答数：31

Q 地域の養護教諭や学校保健に関係する研究会や研修会で、養護教諭としての実践等を発表したことはありますか？

- ない 51.6%（16人）
- ある 48.4%（15人）

回数の分布
回答数：15

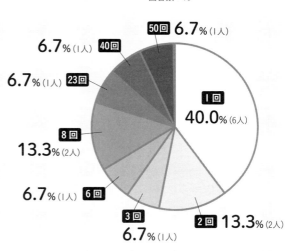

- 50回 6.7%（1人）
- 40回 6.7%（1人）
- 23回 6.7%（1人）
- 8回 13.3%（2人）
- 6回 6.7%（1人）
- 3回 6.7%（1人）
- 2回 13.3%（2人）
- 1回 40.0%（6人）

発表回数については、個人差が大きいのも特徴です。

およそ半分が実践等の発表を経験しています。こちらも（女性）養護教諭全体と比較するデータがありませんが、印象としては明らかに多いでしょう。

「男性養護教諭について」というテーマはもちろん特有ですが、他のテーマは養護教諭の職務に関わる内容であり、性別によるものとは考えられません。性教育については前述の内容を踏まえると、対象が男子児童生徒であったり、「男性性」に焦点をあてた発表内容になっていたりすることもあると推察されます。

自由記述より

性教育、歯科保健、保健室経営、男性養護教諭について、医療的ケア児についての保護者・医療機関との連携、保健室での生徒との関わり、生徒保健委員会の取り組み、緊急時の対応・トリアージ、発達障害について、養護教諭のがん教育への関わり、健康相談、落ち着いて健康診断を受けるための取り組み等。

実践発表・講演等の経験（広域）
回答数：29

Q 広域の学会、研究会、研修会等で養護教諭としての実践等を発表したことはありますか？

自身の所属している地域を超えて、広範囲に発表している人も約半数。男性養護教諭には取り組みを外部に発信することに熱心に取り組んでいる方が多いといっても過言ではないでしょう。

回数の分布
回答数：14

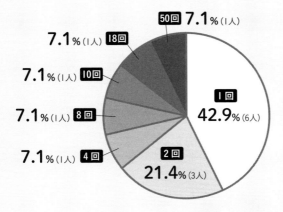

自由記述より

性教育、歯科保健、保健室経営、男性養護教諭について、肢体不自由特別支援学校における病気・障害の理解と取り組み、ケイタイ型心電図に関する実践発表、保健室経営、緊急時の対応・トリアージ、発達障害について、知的障がい特別支援学校におけるバイタルサイン測定の実態と早期警報システムの構築に向けた取り組み、乱暴な言動が見られる生徒への言語化を促す取り組み、発せられたSOSへの組織的な取り組み。

実践発表・講演等の経験（外部）
回答数：31

Q 外部から男性の養護教諭であることを理由に、研修会や講演会の講師を求められたことはありますか？

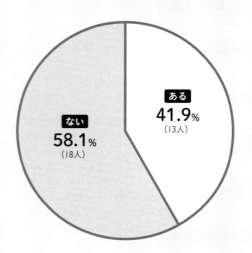

「ある」の年代
回答数：13

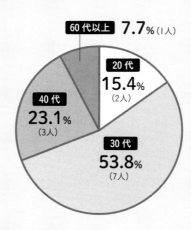

回数の分布
回答数：13

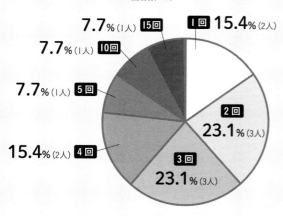

13人（41.9％）が講師を経験しています。マイノリティとしてのテーマや、男性というフィルターを通して改めて「養護教諭」という職を見つめ直すというテーマ、対象が男子児童生徒であったり、「男性性」に焦点を当てたりした性教育などがテーマとしてあげられていました。

「ある」と回答した具体的な内容は以下の通りです。

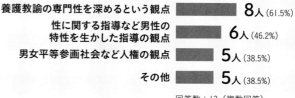

- 養護教諭の専門性を深めるという観点　8人（61.5%）
- 性に関する指導など男性の特性を生かした指導の観点　6人（46.2%）
- 男女平等参画社会など人権の観点　5人（38.5%）
- その他　5人（38.5%）

回答数：13（複数回答）

自由記述より

「小中学校に男女平等参画社会の授業で依頼された」（30代、60代以上）、「男性養護教諭ということで大学の非常勤講師を務めている」（60代以上）、「『(男性)養護教諭の実践を通して考える』という講演で性別よりも『養護教諭』として職務を果たすことの大切さを伝えた」（30代）、「常識を覆した例として自己啓発セミナーの講演依頼を受けた」（30代）。

異動の経験
回答数：19（公立本務経験者）

現在、私立学校にお勤めの方や、退職された方なども含む公立本務経験のある19人を抽出して異動の経験について尋ねました。

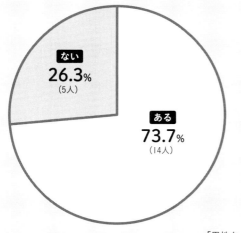

Q 異動の際、管理職や教育委員会など人事権をもつ人との関わりの中で、「男性ならでは」と感じるような経験はありますか？

回答数：14

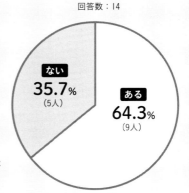

「男性ならでは」と感じた具体的な内容は以下の通りです。

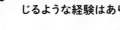

- 複数配置しか異動できないと言われたことがある　5人（55.6%）
- 受け入れ先がないと言われたことがある　2人（22.2%）
- 男性であることを理由に「もう1年待ってほしい」などと言われたことがある　2人（22.2%）
- 男性のメリットを生かせるという理由で特定の学校への異動が決まった　1人（11.1%）
- その他　4人（44.4%）

採用時だけではありません。異動もどうやら一筋縄ではいかないようです。公立本務経験者で異動したことのある14人中、9人（64.3％）が「男性ならでは」と感じる経験をしています。

> **自由記述より**
>
> 「通常、異動の対象となる年に複数配置校が空かないという理由で異動が1年先延ばしになった」といった記述や、「教育委員会から『男性は複数配置でないと無理だろう』と言われ、市内に複数配置校がほぼなかったため、異動を申し出てもできなかった」、「校長面談時に『教育委員会はあなたを複数配置校にしか置かない考えである』と聞かされた」、「校長から『複数配置校で異動がありそうな学校』について尋ねられた」といった記述が見られた。
>
> 他には、「『特別支援学校なら異動できるが、普通校は難しい』と言われた」といった記述や、「異動の際に、学校種や地域の希望調査があったが、提出後、管理職を通じて教育委員会から『一任としてほしい』と言われた」との記述が見られた。
>
> ネガティブな記述が多い一方で、「精神科での臨床経験を生かして特別支援学校へと言われた」、「『新設の養護学校があるのでその立ち上げに参加しなさい。保健室のスタイルを思い通りにやってみれば』と言われた」、「異動先の前任者も男性、異動後の私の後任者も男性という玉突き人事だったことから、男性養護教諭を経験した校長は男性のメリットを感じてもらえているのだと思って自信になった(真意はわからないが)」というポジティブとも受け取れる記述も見られた。

「複数配置しか異動できない」と考える理由はどこにあるのでしょうか。両性の養護教諭がいる学校のメリットは前述の通りです。しかし、この「しか〜できない」というネガティブな表現には、「男性が単数配置で勤務することは困難だ」というニュアンスが含まれています。では、なぜ女性養護教諭は複数配置でなくてもいいのでしょうか。人事権をもつ立場の方たちがどのように考えているのかは別稿にゆずります。しかし、はっきりしたことは、男性の異動には、女性にはないハードルがあるということです。仮に、ある自治体には小学校で単数配置の男性養護教諭がこれまでいなかったとして、複数配置の特別支援学校から異動させるような場合に、もしかしたら慎重になるのかもしれません。0から1にするには相当な勇気がいるということはある程度理解できます。それでは、全国に男性養護教諭が単数配置の小学校がないかといったら前述の通りそんなことはありません。異動のハードルが「男性は前例がないこと」によるのだとしたら、「工夫次第で、うまくやれている例がある」それを知るだけでそのハードルはぐっと下がるのかもしれません。

10_「養護教諭」という職の捉え方について

回答数：30

①そう思う　②どちらでもない　③そう思わない

性別より、人柄や人格など「人」としてどうかが重要である

①96.7%(29人)　②3.3%(1人)　③0.0%(0人)

養護教諭と性別は関係がない

①46.7%(14人)　②46.7%(14人)　③6.7%(2人)

| ①そう思う | ②どちらでもない | ③そう思わない |

性別を意識して仕事をしている
①36.7%（11人） ②33.3%（10人） ③30.0%（9人）

男女それぞれのメリットデメリットがある
①73.3%（22人） ②20.0%（6人） ③6.7%（2人）

両性の養護教諭が機能することで、より幅広い子供のニーズに対応できる
①93.3%（28人） ②3.3%（1人） ③3.3%（1人）

男性養護教諭がいる学校では、男子児童生徒の健康課題への対応が充実する
①43.3%（13人） ②43.3%（13人） ③13.3%（4人）

養護教諭は男性に向かない職である
①0.0%（0人） ②13.3%（4人） ③86.7%（26人）

男性養護教諭の実践研究が、養護教諭という職の専門性の深化に貢献できる
①80.0%（24人） ②16.7%（5人） ③3.3%（1人）

自由記述より

「人としての資質が重要であるのは明らか」、「性別より人柄や人格など人としてどうかが重要であることは間違いないと思う」、「学校現場で求められているのは男女関係なく養護教諭としての仕事」、「子供にとって男性・女性の区別は必要であるが、やる仕事内容は変わらない」、「相談に関しても、生徒は性別より人間性を見て養護教諭を選んでいる部分があるように感じている」、「生徒とは信頼関係を確立できれば、生徒が性差を意識強く感じながら対応を受けているという感覚は薄れると感じている」、「性別に必要以上に養護教諭自身が固執してしまうと、『みえない壁』が生まれて子どもたちとの関係は育たないと思う。男性養護教諭としてというよりもイチ養護教諭として成長していきたい」、「性別が理由で就けない仕事は今のところ助産師だけ。性別による役割分業意識を無意識的に植え付けていないだろうか」、「養護教諭は女性、技術科の先生は男性、家庭科は女性、生徒指導は男性…。そうした役割分業意識下で育った子どもたちは果たして『性別』をこえた『人間』として尊重するという考えに至ることができるだろうか」、「思春期を迎える彼らは『この大人はどこまで自分のことを理解し、受け止めてくれるのか』といった教師（大人）としての"人間性"を常に見られているような気がしてなりません」、「自分と同じ性も、自分と違う性も、一人ひとり尊重して関わろうとする基本的姿勢が養護教諭として一番大切なことだと考えています」このように性別ではなく「養護教諭」として職務にあたるという記述が多い。

その一方で、「性差を意識した取り組みが必要」、「性別への配慮は一定程度必要であり、これによって子どもたちや他の教職員、保護者から信頼を得ることにもつながると思う」、「日常の中で触診することや生理の話を聞くことは、『本当は嫌だけどこの人しかいないからしょうがない。我慢しよう』と思わせてしまっているかもしれない。それは、女性養護教諭でも言えること」、「男性ができないことを女性がカバーしたり、その反対の働きもできる」、「普段『男だから』と考えて仕事をしているわけではないが、子どもが『男性として』の関わりを求めてきていると感じることは少なくない。異性について率直に話せる相手、同性との人間関係について話せる関係。まるで父親を求めてくるかのような関わりも時としてある。一方で『いつも話を聴いてくれる』『あたたかく受け入れてくれる』など一般的に『母性』と解釈されるような関わりをとてもありがたかったと振り返る卒業生もいる。私は『母性』を発揮したつもりはなく、養護教諭としてあるべき対応を考え実践した」、「LGBTが認知されはじめた現代において、児童生徒のLGBTのカミングアウト・相談に対して女性養護教諭が（男性養護教諭が）全て対応できるわけではないと思う」といった性別の限界や職との関わりについての記述も多く見られた。

両性が存在することの意味について「両性の養護教諭の性差を生かした活動を行うことでより生徒にあった対応が可能になると考える」、「両性の複数配置がベストだと思うが、男女関わらず、単数配置ならそのような性別が関係する職務について、他の異性の教職員と協力して行っていくことが大事だと思う」、「仮に、養護教諭が男性ということで相談できない女子児童生徒がいるとしたら、強引には踏み込まず、校内の女性の先生たちとチームを組んで対応していきます。養護教諭や教員も一人だけで児童生徒に関わるのではなく、学校というチームの中の一員だからです」、「養護教諭主体ではなく子どもの目線で考えたとき、男女の選択肢があるだけで助かる、安心できる、判断（学習）することになる」、「多様性が求められる近年において、女性視点の中に男性視点が入ることは良いことである」、「今まで問題とされなかった男子への対応をしていくことで、時間はかかると思うが、社会にとって良い変化が生まれると思う」といった記述が見られた。

その他「男女どちらでもなれることが養護教諭の価値を高めていくと思う」、「養護教諭の存在が、女性であることに保証されていては、職業としての養護教諭は発展しない」、「男性養護教諭の実践は、『養護教諭はお母さんみたいなあったかさがある』といった性的役割から脱却して真に『養護』とは何かを捉えなおすキーになると信じている」といった記述も見られた。

最後に一つ。現在の状況の一端を示すものとして残しておきたい記述がある。「私は男性養護教諭を目指すのを積極的におすすめはできない。今までにどれだけの人に迷惑をかけ、現在に至っているか振り返ったときに本当に大変であった。働く学校がなく、講師登録をした時には、『女性ならすぐ見つかるのに』と何度も言われたり、周りの心無い人たちから冗談で『性転換手術を海外でしてきたらすぐに受かるんじゃない』と言われたりしてきた。現在の状況が変わらない限り、『男性養護教諭は良い』と心から伝えることはできない」。

寄せられた声一つ一つに、強い願いが込められていることが、記述量の多さから伝わります。
　「性別より、人柄や人格など『人』としてどうかが重要である」ことを否定する人がいないことからも、「男性」としてというよりも「養護教諭」としてという部分を大切にして職務にあたっていることは明確です。一方で、「養護教諭と性別は関係ない」という質問になると、そう思うと答える人は半分に届かなくなります。「男女それぞれのメリットデメリットがある」こともまた73.3%が認めています。前述してきた通り、そして自由記述からも見られるように子どもから「男性としての関わり」を求められていると感じることがあるのも事実で、つまりは、93.3%が認めている「両性の養護教諭が機能することで、より幅広い子どものニーズに対応できる」ことにつながっているのでしょう。
　もっと言えば「男と女」という二元論で考えることは、すでに時代遅れと言えます。性別も多様であることが当たり前であるように、児童生徒のニーズもまた多様なのです。社会もめまぐるしい変化を続けています。そんな中で多様なニーズに対応するためには、多様な視点や専門性をもったチーム全員が手と手を取り合い、児童生徒の心身の成長・発達を見守っていかなければなりません。とはいえ、「男性養護教諭友の会」という表現も、養護教諭を性別で二分しているような、ダブルスタンダードのような印象を受ける方もいらっしゃるかもしれません。しかし、自由記述の最後にあるように「男性だから」という理由で夢破れていく人や不利益を被る人がいなくなるまでの間は、便宜的に使い続けることをお許しいただきたいと本会としては思うわけです。
　「男性養護教諭の実践研究が、養護教諭という職の専門性の深化に貢献できる」と8割の人が感じているように、「多様な人材の一つとして」男性養護教諭を捉える視点が必要です。そのことが、未来ある児童生徒への教育活動に少しでも貢献できるようにと願って、今後も本会は活動していきたいと考えています。

まとめ

　ここまでお読みいただき本当にありがとうございます。さて、文章冒頭で私があげていた周囲の声を覚えているでしょうか。ここで改めて読者の皆様に問いかけたいと思います。
　「男は採用されない」
　「男は特別支援学校以外は難しい」
　「男で単数配置は無理だ」
　「男性養護教諭には女子児童生徒が相談しにくい」
　「男は女よりデメリットが大きい」
　少しでも、見え方が変わりましたか。31人の男性養護教諭経験者のデータは、全国に現職の男性養護教諭が78人（2018年度）しかいない現状から考えると割合としてはかなり貴重なものだと自負しています。それでも、31という数は、統計的な分析をするにはあまりにも小さく、何らかの結論を出すには残念ながら限界があります。それを踏まえた上で、もし読者の皆様の中に、「男性養護教諭」の捉え方が変わったり、視点が広がったりした方がいらっしゃったとしたら。そして、「男性養護教諭については、説得するより納得してもらうことが大切だ」という、男性養護教諭の先駆者のお一人である横堀良男氏の言葉をお借りして、本調査結果をご覧になった皆様が、男性養護教諭について少しでも「納得」してくださったとしたら、筆者としてこれ以上の幸せはありません。これを機に議論が広がり、深まっていくことを願うばかりです。
　最後になりましたが、膨大な質問紙調査にご協力いただいた全ての養護教諭経験者の皆様に感謝申し上げます。皆様のお声を最大限お伝えできるよう筆者なりに工夫しました。拙い点もあると思いますので、内容については今後もご指導ご鞭撻いただけたらありがたく思います。未来ある子どもたちの健やかな成長を願って。

保護者から見た男性養護教諭

寄り添ってくれた先生

公立特別支援学校 卒業生保護者
酒向ルリ美

　このたびは、男性養護教諭友の会10周年を迎えられたこと、心よりお祝い申し上げます。

　私が市川恭平先生とお会いしたのも、ちょうど10年前です。先生には娘が養護学校中学部に入学してから高等部を卒業するまでの6年間お世話になりました。保健室だよりで保健室の先生二人のうち一人が男性であることを知り、当初は少し驚いたことを覚えています。

　養護学校では毎日先生方が玄関で子どもたちの登校を見守ってくださり、「おはよう！」「おはようございまーす！」と明るく朝が始まります。市川先生をはじめ保健室の先生は、子どもや付き添いの方に体調確認をするなど、きめ細やかな対応で保護者を安心させてくれます。保護者が保健室の先生と話す機会はあまりなく、男性の先生ということもあり初めは話しかけにくいところもありましたが、先生から自然に話しかけていただき、相談にものってくださるので、とても頼りにしておりました。

　私の娘は、血圧測定器を怖がっていましたが、市川先生に根気強く練習に付き合っていただいたおかげで、1年以上かけて測定ができるようになりました。障害のある子どもを病院に連れて行くことや診察をしてくれる病院を探すこと自体が難しい現状の中、すべての保護者に対してかかりつけ医に関するアンケートを取り集計発表するところまで一緒に取り組んでいただいたことなど、保護者の気持ちに寄り添っていただけたのが本当に嬉しかったです。男子生徒のお母さんからは、男の子の体や生理的なことに関して率直に話をすることができ、的確な返答があるのがとても助かるという声も聞きました。養護教諭は女性という固定観念がありましたが、市川先生と出会い、子どもや保護者に対して熱心に接してくれる先生ならば性別は関係ないということに気づかせてもらいました。

　娘が学校を卒業して3年が経ちます。学校とは違う人間関係の中で過ごすことで想像していなかった成長がみられる一方、親としてどうすべきかと悩むときがあります。子どもはいつか親の手から離れていきます。そのときに備え、これからも先生にはご助言などをいただければ嬉しく思います。

　担任の先生は毎年替わりましたが、市川先生には6年間寄り添っていただき、娘にとって怖い検診をする場所だった保健室が毎日行きたくなる場所になりました。一緒に成長を見守っていただき感謝しかありません。今後も先生の益々のご活躍を願っております。

保護者から見た男性養護教諭

私の息子が、小学校5年生の時から男性の養護教諭の津馬史壮先生にお世話になりました。新年度が始まった日、家で「男の保健の先生やった」とめずらしく興味深く、嬉しそうに話をしてくれたのを覚えています。息子の話を聞いて、初めて聞く「男の保健の先生」は聞きなれなくて、びっくりしました。

息子は、秋ごろに起立性調節障害と診断され、保健室にお世話になることが何度かありました。その時、息子は「男同士で嬉しかったし、安心して落ち着いて過ごせた」と言っていました。保健室で支えてくださったことに加え、症状が軽度だったこともあり、完治することができました。今では中学校のバスケ部のキャプテンを務めるまでになりました。あの時に、あたたかく受け入れて、心のよりどころになってくださったおかげです。ありがとうございました。

6年生の時、同じクラスの男の子が車椅子で生活をしていました。津馬先生と担任の先生は協力しながら、校内の移動で抱っこをしたり、車椅子を運んだり、校外に出る行事でもサポートをなさっていたと息子に聞きました。体力面でも男性の先生ならでは、と思いました。

今年度、私はハートフルサポーター（学習支援員）として津馬先生と同じ小学校で勤務しています。ある男の子、A君が授業中に教室から出てしまったり、教室に入れなかったりする状態が続いていたことがありました。保健室にも「指をけがした」「足が痛い」と言って来室することがある中で、男の先生があたたかい先生と思ったのか、心を開いて「今日は〇時間目がんばったよ」「国語のプリント、こんなふうに書いたよ」と報告をして、褒めてもらう関係になっていきました。A君にとって、その関わり方はとても嬉しく、励みになったようで、授業を真剣に聞き、発表もできるようになりました。保健室の津馬先生の存在は偉大だな、と思いました。

男性の養護教諭は必要だと改めて感じています。初めは「びっくり」でしたが、だんだんと「頼れるお父さん的存在」に思えるようになり、今では女性の先生、男性の先生関係なく、「心を開くことのできる存在」だと思うようになりました。まだまだ少ないようですが、1人でも多く、男性の養護教諭が増えることを願っています。

男性養護教諭の必要性

公立小学校 卒業生保護者

高橋好美

保護者から見た男性養護教諭

出会いに感謝

公立中学校 卒業生保護者
竹中美穂

晋平へ
　たとえあなた一人だけのためであっても、浜中の保健室があってよかった。保健室の先生になってよかった。そう思える出会いでした。出会いに感謝。
　自分も友だちも、お母さんのことも大切にするんだよ。
　　　　　　　　　　　　　梅田裕之
―卒業アルバムの最後のページ。先生から頂いたメッセージ―

　次男にとっての中学生活は、大好きな音楽を本格的にはじめられるという大きな期待を持ってのスタートでした。しかし、現実にはとてもハイレベルな厳しい部活動であり、パートごとの練習では女子の先輩方の中に男子が一人という環境に慣れることにも時間がかかりました。先輩からの
「できないなら外に出て行って！」
という言葉のニュアンスがわからず、言葉通りに行動してしまったことでトラブルに発展していったこともありました。そんなことが積み重なり、学校に行きたくない、ついには行けない日もありました。
　部活動での困りごとだったので、顧問の先生や担任の先生に相談させていただきましたが次男は相手の気持ちを想像したり慮ることが難しい上に、自分の思いを受けとめ相手に伝えることができなかったため、母子共に出口の見えないトンネルに入ったような心境でした。学校以外にも神経科や発達相談外来も受診しましたが、保健室の先生にも相談させていただきたいとの思いから梅田先生を訪ねました。
　同じ頃、次男は「お腹が痛い」と保健室を訪れ、先生から何か悩みがあるのかと聞いていただいたことで、自分自身をあたたかく受けとめてもらえた気持ちになり、そこでようやく自分の気持ちを素直に話してもいいんだと感じたようです。彼にとって保健室の先生が男性であるということもとても安心できたことであり、自分が自分でいられる場所として、空き時間を見つけては先生に会いに行くことで学校生活も安定していったように思います。
　梅田先生は子どもの特性について深い考えをお持ちで、沢山の経験に基づいてお話しくださり、その言葉一つひとつがとてもあたたかく、私自身も何度も救われました。
　母親としては、保健室の先生が男女関係なくとも一個人として対等に話し合えますが、中学生という思春期まっただ中の男の子にとって、男性の先生がいてくださったことの意味は大きく、自分の気持ちを表現することが容易ではない彼らにとれば、気兼ねなく相談できる一つの入り口としてとても大きな影響を与える存在だと思いました。
　私たち親子のすすむべき道を照らしてくださった梅田先生に深い感謝の気持ちを表すと共に、先生からいただいたメッセージを大切に歩んでいきたいです。

元生徒から見た男性養護教諭

『バドミントン部の保健の先生役になればいい』その言葉が私を変えてくれたきっかけでした。中学時代バドミントン部だった私は、怪我が多く体調もすぐれず、番手が一番下でやっている意味を感じないときがありました。そのときに先生からいただいた言葉です。『怪我が多いならその分、人の痛みや怪我をしている部員の気持ちがわかる。部員の顔色、雰囲気で元気かそうでないかわかる』と言ってくださいました。私の中で、やっと見つけた居場所、私がここにいる意味は、これなのだと思いました。同時に、私も困っている子ども、助けを求めている子どもたちの支えになりたいと強く思いました。それが、私が養護教諭をめざしたきっかけです。

「あこがれる先生は？ 目標となる先生は？」等を質問されることがあります。男性の先生であることにほとんどの方が驚きます。そして、聞かれることは「話しにくくないの？」ということです。あの頃の私にとっては男性の先生でなければダメだったと感じています。なぜかはわからないのですが、女性の先生にはこう言えばこう返されそうだなと思い込み、話せなくなるのがわかっていたからです。それに対して、異性である先生は、私には思いつかないような、予想外の解決策を与えてくれました。また、弱音を吐けるような空気感、そして、バドミントン部に関わり、程よい距離感で見ていてくださったことが、私にとって最も良い環境であったのだと自身が養護教諭となり感じていることです。

私は今、幼稚園で養護教諭として勤務していますが、いつも頭に置いていることがあります。目線を合わせて最後まで聞くということです。当たり前のことではありますが、なかなかできないことです。子どもたちは、「我こそは！」としゃべり続けますが、それを逃さず聞くことでその子どもの置かれている環境、背景などたくさんのことが隠れていると感じています。そして、養護教諭という立場だからこそできる一人ひとりとの関わりを大切にしています。各クラスを回り、担任の先生と情報を共有しながら、子どもたちの顔色、雰囲気を見る毎日が楽しく感じています。私の顔色が悪いとき、元気がないときすぐ気が付いてくれた先生のように、少しの変化に気が付くことができるよう自分のできることを探している最中です。

中学時代にこの出会いがなければ、私は学校に行く意味も部活動をする意味も見い出せないまま三年間を過ごしていたかもしれません。そして、あの頃の自分がこの職に就くとは思えません。今、こうして子どもたちの成長をそばで見ながら関わっていくことができていることを誇りに思います。いつかは、中学校で働きたいというのが私の夢です。夢を現実にするためにも、今いる場所で経験を重ね、日々学びつつ、自分自身を大きく成長させていこうと思います。そして、私にとっての先生の存在のように、関わりを持った人の人生において、少しでも心に残る人となりたいです。

先生と出会って見つけた夢

公立中学校 卒業生／私立大学附属幼稚園 養護教諭

西住千波

出張版 ダイビーノンカフェ

男性養護教諭と性の多様性？

あっきー
ダイビーノンカフェ・オーナー

ダイビーノンの中の人。時に代表、時に講師、時にファシリテーター、時にカフェオーナー。

――養護教諭向け専門誌『健康教室』で好評連載中の「ダイビーノンカフェ」特別出張企画。当カフェではオーナーのあっきーを中心に、毎回個性豊かな常連客たちが「多様性」に関してゆる〜い会話を繰り広げています。今日は男性養護教諭のいっちーさんと常連客の山さんがいますね？ 少しのぞいてみましょう。

 いらっしゃいませ。

 ど〜も〜男性養護教諭で〜す！ コーラ！

 はい、どうぞ。

 ゴクゴク、プハー！ おかわり〜！

 わ〜いい飲みっぷり！（な、なんかテンション高い人キター）

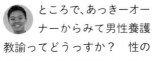 ところで、あっきーオーナーからみて男性養護教諭ってどうっすか？ 性の多様性と何か通じるところを探りたいな〜と思って。

 突然ですね（驚）。どうって…うーん、別に。

 あっきーオーナーも養護教諭目指してたんですよね？

う〜ん、目指していたんですが、採用試験を突破できず、養護教諭になれなかったんです。

 そうだったんですか!? どうして…？ あっ、私、山さんといいます。元気なあなたは？

 いっちーで〜す。山さん、はじめまして。

懐かしいですね〜。教員採用試験。志望動機を聞かれて「子どもたちに性教育を届けたい」って言ったら、面接官の顔色が変わったような…いや、単純に筆記試験の点数が足りなかったのかも…。

 なるほど〜、でも僕的にはよかったですね。だって養教（※養護教諭の略称）に合格していたら、ダイビーノンで様々な学校で講演とか出来なかったでしょ？ それに養教の仕事で性教育って、たくさんの仕事の中の一部だから。けが、病気、メンタルヘルス、健康診断、安全管理、感染症予防…、子どもの課題もそれぞれだし、もう〜手一杯って感じ！

確かにそうですね。不合格のおかげで今があるというか、必ずしも合格＝正解とは限らないなあと実感です。私がお伝えするのは（…省略…）それが少しでも学校や先生方や子どもたちの助けになるなら嬉しいですね。それにしても養教って本当に多忙ですよね。

 そうなんです。実は昨日もね…。

 ねーねーいっちーさん？ 先ほど何か、性の多様性がどうって…。

 あっ！ そうです！ で、どうなんすか？ 男性養護教諭って！

 「別に」ですよ。だって、性の多様性ですよ。男性も女性もない、「その人」ではないでしょうか？ 得意や苦手や性格やキャラ、どんな養護教諭かってことなんじゃないでしょうか。

 ですよね〜。でも男性養教ってまだまだマイノリティーだし、男性で養教だと大変でしょ？ なれるの？ みたいなことも言われるし。

 ですよね〜。まだまだ世の中、男はこう、女

はこうっていうイメージが強かったり、私の中にもそういうイメージってありますもん。

そうなんですか？

女は…男は…っていうメッセージに囲まれまくって育ってきているので、ありますよ。意識してジェンダーバイアスを取り除くようにしています。特に言葉の選択。

でも性別のことばっかり意識して過ごすのも結構大変では？ 気にし過ぎると、何も話せなくなっちゃうし。

それもそうですよね。だから、私は間違えてもいいってことにしています。

えっ？ 傷つけたり強制しちゃってもいいの!?

もちろん、だれも傷つけることなく言葉を発していければベストですが、山さんが言う通り、ずーっとそればっかりに集中しているわけにはいきません。だから「できる限り」です。余裕があるときは意識して気をつけます。余裕がないと、つい自分の中のジェンダーバイアスが出ちゃうこともあります。それを後から気づいて反省。こうやって繰り返さないように気をつけることができればそれでOKって、自分的にはしています。

自分で気づけない場合は？ 無意識に出ちゃうのはどうにも…。

仲間や同僚に手伝ってもらいます。あれ？って思ったら、指摘して！って。その言葉大丈夫？ってツッコんでって頼んでおきます。

なーるほど〜！ それならできるっす。仲間はたくさんいるし、子どもたちに指摘してってお願いするのもいいかも！

ああ〜そういうのって、子ども喜びますね〜。自分も大人にダメ出しするの大好きだったなあ〜。

ナイスアイデアですね。ツッコミの入れ方が暴力的強制的にならないように注意は必要ですが。それ大丈夫？ のような、投げかけ型。対立や押しつけにつながると本末転倒です。

確かに。いくら正論でも、自分しか見えていない正義感は危険だなあ。コミュニケーションの勉強にもなりますね。

人権もコミュニケーションも学べて一石二鳥じゃないですか！

で、話ちょっと戻って「別に」について、もうちょい説明プリーズです。

そうですね〜。性の多様性って、LGBTっていう言葉もよく登場するようになって少しずつ「そういうのもあるんだ」っていう認識は広がってきたように思います。でも「自分の周りにはいない」という他人事の感覚。

本当は5〜8％程度はいるって言われているんですが、いないのではなくて、見えていないだけ。打ち明けることをしない／したくてもできないだけ。更に啓発が進んで、日常の中で見えるようになってくると、それこそ、「右利きと左利き」や血液型の「A型・B型・O型・AB型」みたいに、統計的に数の多い少ないはあるけれど、優劣ではないっていうことが実感されてくると思います。特別なことや特別な人でもなく。つまりこの状態が「別に」です。

ふむふむ。自分とは違う世界の人たちではなく、属性を表す記号（言葉）が違うだけ。なんか対等な感じですね。

あっ！ なるほど！ 男性養教も似てるかも。最初は「えっ！ 男性が養教？」みたいに驚かれたり、珍しがられたり。本当は男の子だって養護教諭目指したいかもしれないのに、養教＝女性のイメージが強すぎて、養護教諭になりたいって言うのもはばかられる。でも目指す人や、現場で活躍する男性養教が増えることで、自然になっていく。そう、看護師さんみたいな。そうなったら、男性が養護教諭ですってことになっても驚くでもなんでもなく「別に」。

おおー、つながった〜！

145

わかる2冊

などが書かれている。養護教諭を目指す学生に、また、男性養護教諭に否定的な考えをお持ちの教育関係者・保護者にも、ぜひ読んでいただきたい部分である。②には養護教諭の先駆者である、横堀良男氏と佐川秀雄氏のライフヒストリーも紹介されており、お二人の先生が経験した足跡を改めて知ることにより、現在の仕事に生かしていくための参考となるはずである。また、これまで「女性の職種」と言われてきた仕事についても紹介されている。また、統計データも掲載されていたりと、海外のスクールナースについても触れられている。②には養護教諭だけでなく海外のスクールナースについても触れられていたりと、学生の卒業研究論文や、研究職の方にも参考になる部分である。

❷『保健室のせんせい。第1巻』水島ライカ 著

著者である水島先生は、2012年にデビューした漫画家である。この『保健室のせんせい。第1巻』はCOMIC BRIDGE onlineにて2018年7月〜12月に配信された内容を単行本化したものである。男性養護教諭友の会の理事の市川恭平先生、事務局長の津馬史壮先生、他男性養護教諭友の会が取材協力をしている。また、兵庫大学講師米野吉則先生、東山書房山本敬一氏、そして筆者も取材協力を行っている。

水島先生が「男性養護教諭」にスポットをあてた漫画を描こうとしたのは、「少数派の仕事に関心を持った」②ことがきっかけであった。これまでもテレビドラマや漫画、小説等で養護教諭が描かれることは多く、その描かれ方は「養護教諭の仕事に忠実ではない」状況もあった。そのため、取材協力を行う側にとっては難色を示したが、水島先生の「仕事の内容を丁寧に描きたい」②の言葉に納得し協力した経緯がある。

漫画の帯や裏表紙には「男なのに養護教諭!?」とあり、また、「養護の現場に性別は関係ない」

水島ライカ『保健室のせんせい。』KADOKAWA (2019)

れている。東海地方の小学校が舞台となっている。冒頭に絵の雰囲気もなじみやすく、また、内容的にも現職の養護教諭や養護教諭を目指す学生、教育関係者にはもちろんである、男性養護教諭友の会の活動を通し、男性養護教諭の正しい理解が進むこと、性別で差別されないこと、そしていつか、男性養護教諭から男性が取れ、「養護教諭」とあたりまえに呼ばれる未来を期待したい。

は養護教諭が男性であることに戸惑う児童の姿が描かれるが、周りの先生方との連携体制、学校行事での仕事ぶり等の描写や、主人公の保坂先生が丁寧に児童に向かう姿、周りの先生方との連携体制、学校行事での仕事ぶり等の描かれ方は、水島先生の「仕事の内容を丁寧に描きたい」が体現されている。

のに養護教諭!?」とあり、また、「養護の現場に性別は関係ない」内容を丁寧に描かれ方は、水島先生の「仕事の内容を丁寧に描きたい」が体現されており、手に取りやすく、読みやすく、イメージしやすいものである。

以上2冊を紹介させていただいた。いずれの本も、養護教諭を正しく理解するために有効な参考図書である。これらの本や、男性養護教諭友の会の活動を通し、男性養護教諭の正しい理解が進むこと、性別で差別されないこと、そしていつか、男性養護教諭から男性が取れ、「養護教諭」とあたりまえに呼ばれる未来を期待したい。

る。取材協力をさせていただいている側としては、そういった特性も理解し、漫画の面白さも残しつつ、養護教諭の仕事を誤解されないように、丁寧に関わっていきたい。

(1) 中村千景「男性養護教諭に関する研究動向」帝京短期大学研究紀要第19巻73〜79頁 2016年
(2)「頑張れ保健室の男の先生」毎日新聞夕刊 2019年5月17日

BOOK REVIEW

男性養護教諭を『正しく理解する』ための2冊!

帝京短期大学 准教授 中村千景

男性養護教諭の研究を始めて8年になる。研究のきっかけとなったのは、現任校の養護教諭養成課程に男子学生がいたことであった。2011年11月に「男性養護教諭友の会」メンバーの先生方と出会ったことにより、関わる機会が増え、先生方の実践から学校現場の様子をたくさん学ばせていただいている。筆者自身、「養護教諭＝女性」と認識していた過去があり、2016年3月に発表した研究論文(1)における調査においても、男性養護教諭に対する不当な差別・偏見が見て取れたのも事実である。全国4万一千人の養護教諭のうち男性は78人という、少数派であり貴重な存在の「男性養護教諭」を正しく理解していただくために、次の2冊を紹介する。

❶ 川又俊則・市川恭平 著『男性養護教諭がいる学校──ひらかれた保健室をめざして』

著者である鈴鹿大学川又俊則教授（社会学）は、養護教諭・幼稚園教諭・放課後児童指導員等の養成、地域社会と宗教、教育とLGBT、さまざまな後継者等の調査研究に従事している。そして、もう一人の著者である市川恭平先生は、2010年に名古屋市教育委員会初の男性養護教諭として正規採用され、現在は名古屋市立下志段味小学校に勤務されている。男性養護教諭友の会の理事を務め、ダンスインストラクターの経歴を持つ踊れる養護教諭でもある。

表紙の帯には、保健室で児童と関わる市川先生の写真とともに「養護教諭としてのあたりまえの実践を知ってほしい」とある。そこに写る児童のなんともうれしそうな笑顔から、市川先生の児童との良好な関わりや仕事ぶりが伺える。そして、「あたりまえ」の言葉にハッとするのである。本のタイトルからイメージし、女性との違いを模索するように「男性ならではの仕事のありかた」を求めてしまう読者にとって、「ああ、養護教諭の仕事は性別なんて関係ないのだ」と考えさせられる。

本の構成は、①市川先生の日常の仕事風景、②養護教諭の歴史と養成、現在の状況、③現職の男性養護教諭による実践報告、④男性養護教諭の紙上座談会、と大きく4つに分けられている。

①には、市川先生が養護教諭をめざす中で、「男の採用は前例がない」ために考え直せと言われた苦しい時期が描かれている。市川先生は乗り越え、養護教諭となったときに「自分の仕事ぶりで男性養護教諭に対する理解を深めていこう」という考えにいたった経緯も描かれている。また、③④には、男性養護教諭の実践や、養護教諭になるまでの生々しいエピソード

川又俊則・市川恭平『男性養護教諭がいる学校──ひらかれた保健室をめざして』かもがわ出版（2016）

○○○ **男性養護教諭を取材したお話** ○○○ 水島ライカ

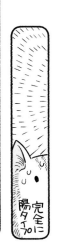

special thanks

男性養護教諭友の会主催「第10回男性養護教諭研修会」開催にあたり、以下の法人・個人の方々からご支援をいただきました（敬称略）。

企業

株式会社トゥーエイト
株式会社センター　コバヤシ
スキルラダー研究会　SLIPER
株式会社少年写真新聞社
株式会社東山書房

個人

VAG 一同
村上　洋
福井佑介
津馬史壮
幸島克昌
山本敬一
中村千景
横堀良男
内山有子
芦原　誠
櫻井孝司
梅田寛康
谷口浩司
相澤智朗
清水民雄
織田堅持
横堀文夫
横堀満夫
横堀邦夫
横堀康夫
松井佑樹
長野雄樹
大川尚子

匿名希望2名

おわりに

　私が養護教諭を目指していた学生時代は、男性養護教諭の存在は噂に聞くだけで、出会うこともなく、雲をつかむような存在でした。本当に自分は養護教諭になれるのだろうかという心配ばかりしていましたが、大学卒業後、幸運なことに京都の私立高校で採用されることになりました。しかし、その当時は京都に私以外、男性養護教諭はおらず、相変わらず男性養護教諭は遠い存在でした。そんな中、ぐっと男性養護教諭を身近に感じさせてもらえたのが、雑誌『健康教室』(東山書房)の記事でした。私の地元、愛知でしかも実家の近くの学校で養護教諭をされている大西康司先生の記事を目にして、「これは会いにいくしかない!」と電話で連絡を取り、会いにいきました。その出会いが「男性養護教諭友の会」を生み出したと言っても過言ではありません。

　大西康司先生にお会いして、『健康教室』の山本敬一さんとのつながりもでき、そこから全国の男性養護教諭の情報が集まり、男性養護教諭のパイオニアである北海道の横堀良男先生とも出会うことができました。少しずつではありますがつながりができ、ようやく男性養護教諭の存在を身近に感じるようになっていきました。「このつながりを広げたい」という思いが強くなり、横堀良男先生が(3か月の電話代6万8千円をかけて)作ってくださった男性養護教諭の名簿情報や、山本敬一さんの男性養護教諭情報をもとに、男性養護教諭同士が一堂に会う機会として、また養護教諭を目指す学生が実際に男性養護教諭に会えて、男性も養護教諭になれるんだと勇気を持って欲しいと、大西康司先生、山本敬一さんの力を借りて、2010年8月に愛知県で第1回の研修会を開催しました。多くの人が参加してくださり、自分の起こした行動の反響の大きさに、ただただ驚くばかりでした。研修会を盛大に終えることができ、充実感でいっぱいの私は、実は次年以降、この研修会を続けて開催することはまったく考えていませんでした。しかし、来年以降も開催して欲しいという多くの声と、研修会を運営していきたいという若手の男性養護教諭の思いに乗せられて、ここまで10回の開催を重ねることができました。

　自分の些細な一歩が大きな道になり、多くの人達のつながりができたことをとても嬉しく感じています。一歩を踏み出す大切さを、研修会に参加する度に感じています。そして、これも研修会の度に感じることですが、養護教諭の仕事に性別は関係ありません。この本を読んだ皆さんも、同じように感じてくださったことと思います。男性、女性それぞれの特性はあると思いますが、協力すれば対応できることばかりだと感じています。しかし、まだ養護教諭全体の0.1%しかいない男性養護教諭は、存在自体が認知されておらず、偏見の目(大人の)があります。「男性養護教諭友の会」の活動を続けていくことが、男性養護教諭の人数を増やすことにつながり、男女が切磋琢磨して、養護教諭全体の発展につながっていくと信じています。そして、男性養護教諭というフレーズが遠い昔のものになることを祈っています。

　最後に、この本の出版や男性養護教諭友の会の存在に大きな影響を与えてくださった東山書房の山本敬一さんに感謝の気持ちを伝えて、終わりとさせていただきます。本当にありがとうございました。

男性養護教諭友の会　初代会長　篠田大輔
(洛南高等学校・附属中学校 養護教諭)

編著者
男性養護教諭友の会

編集代表：市川恭平（名古屋市立下志段味小学校 養護教諭／男性養護教諭友の会 会長）
編集委員：篠田大輔（洛南高等学校・附属中学校 養護教諭／男性養護教諭友の会 前会長）
　　　　　大西康司（名古屋石田学園星城高等学校 養護教諭／男性養護教諭友の会 前副会長）
　　　　　川又俊則（鈴鹿大学・鈴鹿大学短期大学部 副学長）
　　　　　梅田裕之（加古川市立浜の宮中学校 養護教諭／男性養護教諭友の会 副会長）
　　　　　吉田　聡（埼玉県立松山高等学校 養護教諭／男性養護教諭友の会 副会長）
　　　　　津馬史壮（岐阜市立茜部小学校 養護教諭／男性養護教諭友の会 事務局長）
　　　　　妻鹿智晃（東京医療保健大学 助教／男性養護教諭友の会 事務局）
　　　　　山本敬一（株式会社東山書房）

　　　　　SPECIAL THANKS
　　　　　宮武芳江（株式会社 KADOKAWA）

2019 年 8 月現在

男性養護教諭

2019 年 8 月 7 日　初版第一刷発行
2024 年 9 月 6 日　初版第二刷発行

編　者　　男性養護教諭友の会（編集代表：市川恭平）
発行者　　山本敬一
発行所　　株式会社 東山書房
　　　　　〒604-8454 京都市中京区西／京小堀池町 8-2
　　　　　tel. 075-841-9278　fax. 075-822-0826
　　　　　IP phone.050-3486-0489

　　　　　〒102-0073 東京都千代田区九段北 4-3-32-7F
　　　　　tel. 03-5212-2260　fax. 03-5212-2261
　　　　　IP phone. 050-3486-0494
　　　　　https://www.higashiyama.co.jp

印刷所　　創栄図書印刷（株）

本書のコピー、スキャン、デジタル化等の無断複写・複製は、
著作権法上の例外を除き禁じられています。
本書を代行業者等の第三者に依頼してスキャンやデジタル化することは、
たとえ個人や家庭内の利用でも著作権法違反です。

© 男性養護教諭友の会
定価はカバーに表示してあります。
ISBN978-4-8278-1574-0
Printed in Japan